【国際社会と現代史】

先住民と国民国家

中央アメリカのグローバルヒストリー

小澤卓也
Takuya Ozawa

有志舎

先住民と国民国家―中央アメリカのグローバルヒストリー―

目次

〈カバー写真〉ＥＺＬＮ（サパティスタ民族解放軍）の呼びかけに応じて反政府集会に参加した支持者たち（一九九九年三月一〇日、筆者撮影）

問い直される国民国家

——中米からラテンアメリカ、そして世界へ——

いま、ラテンアメリカ社会は大きく躍動している。アメリカ合衆国の政治・経済界を中心とする新自由主義（ネオリベラリズム）が世界を席巻するなか、おなじアメリカ大陸のなかにあって合衆国に隣接し、歴史的な関係も深いラテンアメリカ諸国では、かつてないほどアメリカからの自立を目ざす気運が高まっている。各国政府の権限を縮小して大幅な規制緩和をおこない、経済活動をすべて市場原理に委ねるべきだとする新自由主義の原理は、途上国やそこに暮らす人びとを先進国や巨大多国籍企業に隷属させる新たな植民地主義だと見なされるようになってきたからである。

もちろん、すべてのラテンアメリカ人が、アメリカをはじめとする先進諸国の豊かさに対する憧れを捨て去ったわけではない。彼らにとってアメリカからの投資や経済支援はいまだに重要であり、アメリカ的価値観や文化に対する崇拝は一部に根強く残っているうえに、多くの知識人や専門的職業人の胸にはいまだに「アメリカン・ドリーム」が生きつづけている。だが、それにも

アメリカ合衆国
メキシコ
キューバ
ジャマイカ
ドミニカ共和国
ハイチ
ベネズエラ
ガイアナ
スリナム
フランス領ギアナ
中米地峡
諸国
コロンビア
エクアドル
ペルー
ブラジル
ボリビア
チリ
パラグアイ
ウルグアイ
アルゼンチン

1　中南米諸国地図

2　中米・カリブ海域地図

3　中米地峡諸国地図

かかわらず、二〇世紀末以降ラテンアメリカ諸国に次々と誕生した左派政権は、自国に対して圧倒的な影響力を持っているこの超大国に対抗し、社会的弱者の救済を基盤にした国内外の政治経済システムの平等化を実現するために、地域内の相互協力と連帯の意識を強めている。

たとえば、アメリカ人資本家と結託したエリート層が石油などの豊富な自然資源を独占してきたベネズエラでは、一九九八年に石油の国有化と貧者救済をかかげるウーゴ・チャベスが大統領に選出された。最近のチャベスは、とくに社会主義国キューバのカストロ議長との親交を深めている。二〇〇二年には、新自由主義との対決を明確に打ち出したルイス・ルーラが、労働者階級出身としては初めてブラジル大統領に就任している。先住民系人口が圧倒的多数を占めながらも先住民が大統領に選ばれたことのなかったボリビアでは、二〇〇五年に貧困対策を重視して社会主義政策を掲げる先住民出身のフアン＝エボ・モラレスが大統領に選ばれた。[*1] そして二〇〇六年には、これまで女性の政治進出に消極的だったチリ社会が、この国で初めての女性大統領となる中道左派のミチェル・バチェレに未来を託した。反ネオリベラリズム運動の背後にあるこうしたラテンアメリカ諸国の「政変」が、連鎖反応を引き起こしながら広がりを見せているのはなぜだろうか。

この問いに答えるカギとなるのは、これまでラテンアメリカが歩んできた大きな歴史の流れを読み解き、その特色を把握したうえで、この地域が新たな歴史的段階に踏み出しているという事実をしっかりと認識することである。スペインなどヨーロッパ諸国による征服に始まり、数百年におよぶ植民地時代を過ごし、独立期から国民国家形成期を経て、ときに内戦や革命による争乱をくぐり抜け、いっそうグローバル化した世界経済システムに直面している現在に至るまで、ラテンアメリカ諸国はさまざまな政治・経済・社会的な試みのなかで数多くの失敗をくり返してきた。ラテンアメリカが独裁、軍事政権、人種・民族紛争、貧困、犯罪、人権侵害などの代名詞として世界に紹介されることも多く、現在でもそのイメージが払拭されたとは言い難い。

それにもかかわらず、その過程でつねに苦痛と犠牲を強いられてきた圧倒的多数を占める下層市民、そしてとりわけ社会的弱者——先住民、黒人、女性、社会主義者、貧民など——が、牛歩ながら少しずつ政治・社会的発言権を拡大してきた事実を見落とすべきではない。彼らこそが、ラテンアメリカにおける現在進行中の改革主義的な左派政権の林立をもたらした重要な推進力となっている。そして、こうした中南米とカリブ海地域をめぐる新たな動向は、国連などの国際機関や国境を飛び越えて一瞬にして地球全体を駆けめぐるグローバル化したメディアを通じて世界に紹介され、国家や社会のあり方に関するさまざまな議論を提起し続けているのである。この点で現在のラテンアメリカ諸国は、単なる「発展途上国」から脱し、先進国社会も参照すべき進歩的要素をいくつも内包した一定の社会的成熟期にさしかかっていると言えるかもしれない。

ラテンアメリカの社会的弱者が政治・社会的発言を強めつつある理由は、長きにわたる彼ら自身の不屈の精神と積み重ねられた努力、そして、そうした動きに対する支援を惜しまなかった国内外の民主主義者の協力のたまものであることは疑いない。とは言え、抑圧された人びとの自由や民主主義を求める願いや意志が、政治や社会の表舞台で当然のこととして論じられるようになるまでには気の遠くなるような長い年月を要した。その道程で、数え切れない人びとが「敗者」として犠牲になってきた。そうして積み重ねられた無数の「敗北」のうえにやっと、国内外の権力者たちと互角に渡りあえる思想や運動論を合わせ持った組織や政府の出現する基盤がかたち作られたのである。

現在進行中のラテンアメリカにおける社会的弱者による変革の時代を開拓した先駆者は、メキシコ・チアパス州の先住民運動組織であるサパティスタ民族解放軍（ＥＺＬＮ）である。この組織は、ラテンアメリカへの本格的な新自由主義時代の到来を象徴する北米自由貿易協定（ＮＡＦＴＡ）の発効（一九九四年）を機に武装蜂起したあと、すぐに政治的な運動へと路線を変更し、先住民の自治と権利のための闘争を続けてきた。この集団の思想的基盤は、偏狭で利己的な人種・民族主義ではなく、人びとの多様性を容認する多文化主義、非暴力的な改革主義、先住民などあらゆる社会的弱者の意志を反映する民主主義の構築といったきわめて高い水準の知性と道徳心である。この組織が、従来の先住民組織では考えられないほど国内外で多くの支持者を獲得しているのはこのためである。サパティスタの先住民たちは、人種・民族的差別を通じて蓄積された感情的な怒りをあえて封印し、「国民（ネイション）」の一員である自分たち先住民を抑圧する「非国民」的な政府を糾弾するという姿勢を見せている。

これまで「野蛮人」というステレオタイプで見られ、あらゆる面で周辺化されていた先住民たちが、「国民の一員」という立場を貫き、対話によるきわめて洗練された政治運動を通じて国内はもとより国際的にも認知されたというのは、じつに画期的なことであった。なぜなら、近代以降の歴史を振り返ると、大多数の先住民にとっての最大の敵は「国民国家」であったからである。たとえば、メキシコをふくむスペイン系ラテンアメリカ諸国は、独立後もアメリカ、イギリス、フランス、ドイツなど白人が多数派を占める別の欧米諸国ですでに確立されつつあった「国民国家」を目指して近代化を進めていった。その過程で、政治・経済を独占していた白人支配層は、自国においてヨーロッパ型国民国家を創りあげるために先住民が身につけた非ヨーロッパ的で異質な文化を「野蛮」なものと決めつけ、自国が「文明」化するために消滅するべきものと位置づけたのである。

4　メキシコ政府のサパティスタ民族解放軍（ＥＺＬＮ）に対する強硬策に抗議する支持者たち（1995年２月10日、共同通信社提供）

すなわち、多くの先住民にとって「国民」意識は、彼らの精神や文化の内面から自発的に生じた観念ではなく、外部から強制された想像上の共同体意識に過ぎなかった。*2 これによって先住民は、むしろ植民地時代よりも厳しくみずからの生活スタイルや文化を放棄するように求められ、より組織的に政治・経済・社会・文化的搾取を被ることになった。彼らにとって「国民国家」という枠組は、先住民から先住民らしさを奪い取ろうとする民族の敵だったのである。その強大な敵から必死に身を守ろうとするあまり、しばしば彼らは自民族の殻に閉じこもって国家に対する憎悪の炎を燃え上がらせるか、あるいは過激・暴力的な手段で国家に対抗した。先住民のたどった歴史をこのように概観するとき、サパティスタの出現がどれほど重大な歴史的転機であるかが分かるだろう。

では、なぜサパティスタは「国民」を嫌悪したり否定したりすることをやめ、みずから「国民」の枠組のなかに飛びこみ、内部からその性質を統合主義的なものから多文化主義的なものに変えつつ、他者と平和共存する方策を推進するに至ったのか。また、なぜサパティスタは、国内はもとより国際社会からも広く受け入れられる西洋の理論を駆使して、みずからの運動に対する幅広い同意や支持をとりつける作戦を採用するようになったのか。それは彼らが、「国民国家」を憎み、これに正面から戦いを挑んだ結果としてこれまで積み上げられたきたおぞましい数の屍を目の当たりにしてきたからに他ならない。サパティスタは、過去の先住民運動の「死」から学び、生きて運動を完遂するためには政治戦略を根本的に変える必要があると悟ったのである。

もちろんサパティスタは、さまざまな知識人が指摘するように、特定の権力者集団が創りだした国民イメージが社会を拘束し、あらゆる人びとに強制され、それに従わない者は「非国民」として排除されるというナショナリズムの恐ろしさを誰よりも身に染みて感じている。しかしながら、同時に彼らは、「国民国家」がいかに強靭かつ柔軟性に満ち、生命力にあふれているかについても、いやというほど知り尽くしている。ましてや、ラテンアメリカにおいては、今のところ近い将来に国民国家が消滅する兆候は見られない。彼らが置かれている生活状況の悪化は切迫しており、いつの日にか「国民国家」がなくなる日をのんびりと待っている余裕はないのである。

こうした状況をふまえ、サパティスタは——そのなかに取り込まれてしまう危険性を知りながら——あえてみずから「国民国家」のなかへと侵入し、これを内破しようとしているように見える。最終的にサパティスタは、ヨーロッパ中心主義的で、白人至上主義的であったメキシコ「国民国家」を、自分たちの文化的独自性や自治が公認されるような多文化主義国家に作り変えてしまおうというのである。こうしたサパティスタの闘い方は、すでに例示したような現在のラテンアメリカ左翼政権の政策にも大きく反映されている。

サパティスタがこのように歴史感覚に鋭敏である背景には、チアパスが置かれた特殊な歴史・地理的環境がある。現在、メキシコ南部の辺境に位置するチアパスは、しばしば中央集権的なメキシコ中央政府と対立しながらも、この国が輩出した世界に名だたる学者・政治家・思想家・芸術家などの知的遺産に触れ、そこから直接学ぶ機会に恵まれていたと言えよう。メキシコの国家や社会を規定している歴史・文化的特色が、その領土内にあるチアパスの先住民におよぼした影響はもちろん少なくない。

だが、同時にチアパスは、文化的多様性を特徴とするマヤ系先住民たちが広く分布する中央アメリカ（中米）地峡のマヤ文明圏の一部でもある。[*3] このマヤ系先住民のなかには、国家による「国民」意識の強制に対してラテンアメリカでもっとも激しい抵抗運動や暴動をおこなった人びとの子孫も含まれている。また、チアパスの大半は一九世紀前半までグアテマラの領土であり、住民の多くが中米地峡諸国との連帯を希望していたことも忘れてはならない。その後、メキシコとグアテマラがチアパスの領有をめぐって対立をつづけ、両国のあいだでチアパスのメキシコ編入が正式に承認されたのは一九世紀末のことである。このように、ラテンアメリカを代表する大国メキシコの辺境にありながら、中米地峡の小国（グアテマラ、エルサルバドル、ホンジュラス、ニカラグア、コスタリカ、パナマ）とも深い歴史的関係にあったことがチアパス先住民に与えた影響を過小評価することはできない。

まだ日本ではあまり知られていない中米地峡地域は、世界的に見てもきわめてユニークな歴史を歩んできた。中米地峡諸国は、周辺の大国の影響を強く受けるラテンアメリカでもっとも貧しい小国であるうえに、これまで何度も一つの統一国家になることを目指しながらも、そのつどその試みに失敗して現在に至っている。すでに述べたように、「国民」に反発する先住民運動もたいへん活発であった。さらにこの地域は、一九世紀末以来、中米・カリブ地域を自国の「裏庭」にしようともくろむアメリカの直接的で露骨な対外進出策にさらされ、冷戦期以降は米ソ対立の最前線ともなった。このように、世界でもっとも複雑な国際的環境にある中米地峡で展開された「国民国家」形成の歴史的経験が、のちのサパティスタの思想と運動を洗練させた要因であると考えられる。サパティスタは、突然変異で誕生した先住民集団ではなく、中米史の産物なのである。

以上の点をふまえると、現在の激動するラテンアメリカを創出した歴史のダイナミズムについて理解するには、まず一国史的な視点から離れ、メキシコ・チアパス州からパナマ西部にいたる中米地峡を各地域や国家が相互に影響を与えあう地域史的な視点から考察する必要がある。そのうえで、数少ない史料しか残していない中米先住民と国民国家の歴史的関係を体系的に整理し、いかなる歴史的文脈のなかからサパティスタが歴史の舞台に出現したのか、また彼らがどのような運動を展開しているのかについて明らかにすることが求められる。このとき、サパティスタを過度に英雄化することを避け、成功することのなかった過去の先住民運動や改革・革命運動との歴史的連続性のなかでそれを考察する態度がきわめて重要になってくるだろう

本書は、まさしくこの困難な作業に取り組むために著されたものである。本論部分は三章立てで構成されており、各章はそれぞれ異なった時代の異なった中米の一国を中心に据え、異なった視点から論じられているため、それぞれ独立した論考として読むことが可能である。ただし、こ

れらの章を前から順に読み進めたときには、各章の中心テーマがきわめて重要なかたちで相互に連関していることが理解され、一九世紀から現在に至る中米史の流れに沿って先住民と国民国家の歴史的関係が立体的に把握されるように心がけた。このような構成は、歴史書としてはかなり実験的かつ挑戦的だと言えるが、これは日本では中米史の基礎的な情報さえあまり知られていないことを前提にしながらも、本書が退屈きわまりない暗記的な歴史概説に陥ってしまうことを避けるひとつの試みである。

第I章では、おもに一九世紀後半から二〇世紀前半のグアテマラを中心に、中米の白人エリート層によるヨーロッパ諸国をモデルにした「上から」の国民形成計画とこれに対する先住民の反応について考察される。この大がかりな国家プロジェクトは、中米における先住民と国民国家のあいだの基本的な対立の構図を確立したという意味で、中米史の重大な歴史的転換点となる。

第II章では、二〇世紀前半から後半にかけてのニカラグアを軸とし、中米を支配下に収めようとしたアメリカ帝国主義に対する反米主義の高まりと「下から」の民衆ナショナリズム運動の動向について考察される。とくにニカラグアでは、こうした運動が一九七九年における民衆革命の達成と革命政権の誕生へと結実し、中米に革命の気運とそれに伴う新たな国民国家観をもたらす契機となったという点で興味ぶかい。とりわけ、社会的弱者の救済をかかげていた革命政権にもっいて詳述される。

とも強固に反発したのが、社会的弱者を代表する先住民であったという逆説的な歴史的結果につ

第Ⅲ章においては、二〇世紀後半の新自由主義の波にさらされたメキシコを中心に据えながら、その状況を打破しようと試みるサパティスタ民族解放軍の武装蜂起にいたる過程、およびその後の動向やその思想的特色について分析・検討される。中米における過去の先住民運動や革命運動に大きな影響を受けつつも、それらが抱えていた問題を建設的に批判し、「グローバリゼーションの時代」に適応しうる「新しい先住民運動」を構築していったサパティスタは、すでに述べたとおりラテンアメリカの人びとに早急な国家・社会改革の必要性を認識させる起爆剤となった。そして、現在に至っている。

本書の中米史をたどる旅は、ときに読者を先住民とともに道なき密林に分け入らせ、ときにナショナリズムあふれる国民的祭典や革命の熱狂のなかに投げこみ、場合によっては先住民たちと対峙することを強いる刺激的なものとなるかもしれない。読者の方々がそうした追体験を楽しみながら、中米から発せられている歴史的な問いかけに耳を傾け、ともに考えてくれたとするならば、これほど幸いなことはない。

I

上からの国民形成と先住民

19世紀後半から20世紀前半

一——国民化しない先住民

コロンブスによるアメリカ「発見」五〇〇年にあたり、国連において「先住民の一〇年」が宣言された一九九二年、先住民の人権や自治の尊重を求める解放運動家として活躍していたマヤ系キチェ族のリゴベルタ・メンチュウが、ノーベル平和賞を受賞した。人間的な温かさと不屈の精神を兼ねそなえたこの先住民女性は、生まれ育ったグアテマラの歴史について次のように述懐している。

私たちのグアテマラの歴史には、いつもかたちの異なった組織、抵抗、闘争が見られました。それらは、私たちのマヤの祖先に関する記憶と先祖の多くの助言から生まれたもので、その大部分はいまも受け継がれています（中略）新しい社会、それは私たちの多民族国家における各民族とラディーノ（白人系混血民の総称—小澤）の平等性、相互の独自性と文化の多様性の尊重を基盤にしています。*1

この言葉から分かるとおり、メンチュウはグアテマラをけっして統合された唯一の国民国家と

5　リゴベルタ・メンチュウ

見なさず、むしろそれと相対する「マヤ」人としての民族アインデンティティを保持した自分たち先住民と、白人系住民とが共存する多文化・多民族国家がそのあるべき姿だと主張している。彼女は、「私たちのグアテマラ」という表現に見られるように自分をグアテマラ国家の一員と認めてはいるが、グアテマラ「国民」であることをけっして甘受しようとはしない。こうした記述は、メンチュウの演説や著作に共通する特色である。これはいったいなぜであろうか。

その理由は、グアテマラの歴史のなかで、先住民は「国民（ネイション）」の名のもとに人権を蹂躙され、自治を奪われて国家への忍従を強いられ、これに抵抗した場合には「非国民」として剥き出しの国家暴力に晒される傾向にあったからである。メンチュウは、こうした先住民抑圧の歴史を熟知しているうえに、自身が関わった先住民解放運動の体験を通して国家暴力の恐ろしさを直接的に身体に刻み込んでもいる。だからこそ、彼女は統合された唯一のグアテマラ「国民」

など想定し得ないのである。

歴史をたどれば、メンチュウの発言に象徴される中米諸国の国民統合と先住民抑圧の問題は、一九世紀末から二〇世紀前半にかけて出現した「自由主義（リベラル）」時代の中米地域で展開された「上から」の国民形成計画によって産み落とされたものである。本章では、中米において最初に国民形成計画を創始し、他の中米諸国に多大な影響を与えたグアテマラを中心に据えながら、その後の先住民のあり方を大きく規定することになる中米地域の国民国家づくりの本質とその問題点について考察することにしたい。

二――ヨーロッパ的国民国家をめざして

1　中米諸国の独立

現在の中米五ヵ国（グアテマラ、エルサルバドル、ホンジュラス、ニカラグア、コスタリカ）は、一六世紀前半にメキシコのアステカ王国を征服したエルナン・コルテスの分遣隊を主力とす

6 **グアテマラ関係地図**

るスペイン軍によって征服された。やがて、この中米五ヵ国をふくむ植民地としてグアテマラ軍務総監領(その中心はグアテマラであり、際だった政治・経済・文化エリートはほとんどグアテマラに集まっていた。現在のメキシコのチアパス州南部やパナマ西端部もふくむ)が設置され、この地に居住していたマヤ族を中心とする先住民は、およそ三〇〇年にわたってスペイン人の支配下に置かれることになった。

先住民は、スペイン人によるキリスト教を核とする宗教・文化的強制や半奴隷的処遇、彼らがもたらした伝染病の恐怖に堪えながら、じつに柔軟に生き抜いていく。押しつけられたキリスト教やスペイン文化を、ときに彼らはみずからの自然崇拝や多神教にもとづく世界観のなかで読みかえて受容した。一八世紀のチアパス高地において、先住民こそがキリストと聖母マリアの守護者なのであり、スペイン人はユダヤ人と同様に救済の道が断たれているとするキリスト教解釈が普及したのはその一例である。[*2] こうした豊かな想像力によって、被支配者である先住民は、彼らの世界観においてスペイン人より優位に立ち、自らの存在と誇りを保ちつづけた。歴史の偶然とはいえ、先住民の食文化を代表するトウモロコシやジャガイモなどがヨーロッパの食卓を席巻し、ときに飢饉《ききん》から人びとを救った史実を考慮するとき、こうした彼らの宗教解釈はあたかも一流のブラック・ユーモアのように思えてくる。

もちろん、マヤ系先住民共同体のありようは、スペイン支配の影響を受けて変化した。その慣習や文化は各共同体の性格や時代の変遷によって様々であるが、一般的な特色としてはつぎのように言えるだろう。政治機構の頂点にはスペイン人行政官が就くものの、その下には先住民の首長（カシーケ）、さらにその下には部族長らが位置しており、先住民リーダーの共同体における影響力は大きかった（リーダーは、各家族の家長も含めて基本的に男性である）。宗教にかんしては、司祭を中心としたカトリック的教会秩序がもちこまれたが、土着信仰は生き続けており、呪術師（あるいは呪医）や占い師などの共同体における影響力は保たれ続けた。社会的地位の高低は食料生産にかかわる土地所有の大小に反映され、それ以外の水源などをふくむ土地は共同体の構成員全員のものとされた（これは先住民共有地あるいは共同地としてスペイン側も承認していた）。こうした先住民共同体のあり方は、植民地時代が終わっても続くことになる。

一九世紀に入ってから本格化するラテンアメリカの独立運動は、植民地社会において政治・経済的特権を独占していた本国・イベリア半島生まれのスペイン人（ペニンスラール）と、それに反発する植民地生まれのスペイン人（クリオーリョ）の権力争いに端を発する。[*3] ヨーロッパからはるか遠方に位置する中南米植民地において、スペインはみずからが宗主であり、支配者である証として、ペニンスラールの地位をつねにクリオーリョより上位に設定した。これに対して、同じ「スペイン人」意識を抱いていたクリオーリョは、「植民地生まれ」だという理由で本国人から差別的に扱われることに苛立ちを募らせていた。これはちょうどアメリカ独立戦争（一七七五―八三）前の北米イギリス一三植民地の状況と酷似している。同様の「イギリス人」意識を持ちながら、本国から軽視され、重税などの圧政を強いられた一三植民人が、本国イギリスに反旗をひるがえして独立を達成するさまは、のちのラテンアメリカ独立運動に多大な影響をもたらすこととなった。

このため、一般的にスペイン系ラテンアメリカ諸国の独立とは、ペニンスラールを追放したクリオーリョによる新たな支配体制が誕生することを意味する。その独立の過程において被支配層の先住民や黒人が主体的な役割を演じることはまれであり、独立の達成とともに彼らの社会的地位が飛躍的に改善されるということもなかった。もちろん、共和制を宣言した独立諸国家が、欧米の共和主義を模倣するかたちで奴隷制などを廃止するなど法制的な発展はあったものの、三〇〇年以上にもわたって人種・民族的差別に立脚してきた社会構造が急激に変化することはなかった。多くのラテンアメリカ諸国にとって「共和制」のモデルとなったアメリカ合衆国でさえ、独立後、むしろ国家統合の旗のもとで先住アメリカ人（インディアン）に対する民族絶滅戦争は激しさを増し、当時の世界でもっとも民主的であったはずのアメリカ合衆国憲法においても、黒人奴隷制が暗黙のうちに承認されていたことが想起される。[*4] 中南米においても状況は類似しており、クリオーリョ・エリートが華々しく宣言した「独立」は、必ずしも社会的弱者としての先住民やその他の被差別有色人にとっての独立を意味しなかったのである。

これに加え、中米地域はさらに特殊な環境に置かれていた。まず、グアテマラ軍務総監領はスペイン植民地のなかでも経済的利益に乏しい辺境植民地であり、ヌエバ・エスパーニャ副王領（現在のメキシコを中心とするスペイン植民地）など周辺の巨大植民地の影響をもろに受けてきた。また、一八世紀末にカリブ海のイスパニョーラ島で勃発した独立革命の過程で、宗主国フランスの白人支配層が黒人奴隷によって虐殺されたとの知らせは、中米のクリオーリョ支配層を震撼させた。全人口のわずか数パーセントに過ぎない白人に支配され続けた約九〇パーセントを占める黒人奴隷が、指導者トゥーサン・ルーヴェルチュールに率いられて武装蜂起し、一八〇四年にラテンアメリカ最初の独立国であり、世界初の黒人共和国となるハイチを建国したのである。これは多くの先住民人口を抱えるグアテマラのエリート層にとって「明日はわが身」の大事件であった。このため、中米のクリオーリョ・エリートは、自らの権力の保持と安全の確保に神経を尖らせ、ラテンアメリカのなかでもっとも保守的な「スペインからの独立を望まない人びと」と化していたのである。[*5]

この点で、一九世紀初頭の中米エリートは、たとえ自らの血を流してでもスペインからの独立を目指したメキシコ、ベネズエラ、コロンビア、アルゼンチンなどの支配層とは異なっていた。この立場の違いが顕著となったのは、ナポレオン率いるフランス軍に支配され、ラテンアメリカ植民地の独立要求に対して強硬な姿勢で臨めなくなったスペインが、カディス憲法（一八一二年）

のなかで「君主制の廃止」と「本国と植民地の地位の同等化」を明言したときのことである。この憲法を自分たちが推進する独立国家建設の承認と受けとって大歓迎した多くの南米エリートとは対照的に、中米エリートは、「ハイチ化（ハイチで起こったように、被支配層の武装蜂起によって政治権力を奪われ、国家・社会が混乱すること）」を抑止してくれるはずのスペイン軍の支援を望めなくなったことに大きな不安を覚えたのである。[*6]

ところが、ナポレオンが失脚し、王政復古のなされたスペインがカディス憲法の撤回を求めると、これに反発したラテンアメリカ各地でついに独立戦争の火の手があがった。南米大陸では、のちに「ラテンアメリカ解放の父」と呼ばれるクリオーリョ・エリートのシモン・ボリーバルやホセ・サンマルティンらが指導する独立軍が活躍し、ポルトガル領ブラジルを除く南米諸地域をつぎつぎと「解放」へ導いた。ボリーバルは、パナマ会議（一八二六年）において、しだいにラテンアメリカ地域へ触手を伸ばし始めていたアメリカ合衆国を警戒しながら、新独立国のあいだの相互援助、共同防衛、域内における奴隷制の廃止や市民権の尊重などを定めた条約の締結を呼びかけたが、これは不成立に終わっている。

また、メキシコも、クリオーリョのミゲル・イダルゴ神父を中心とする武装蜂起をきっかけに始まった激しい独立戦争の結果、一八二一年に独立を達成することになった。スペインと同様に海外植民地を有していた保守的なウィーン体制下でのヨーロッパ列強は、ラテンアメリカ諸国の独立を承認せず、これに圧力をかけようとした。しかし、この地域における覇権の確立を目指すイギリスやアメリカ合衆国が新生ラテンアメリカ諸国を支援し、ヨーロッパ大陸諸国の政治介入を牽制したため、やがて旧スペイン領アメリカ諸国は独立国家として国際的に承認されることになった。結局、スペインは、キューバやプエルトリコなどを除く広大なラテンアメリカ植民地を手放すことになったのである。

この吹き荒れる独立運動の嵐のただなかで、グアテマラ軍務総監領のクリオーリョ・エリートは困惑の色を隠せなかった。その多くは、いまだスペインから独立する強固な意志を持たなかったからである。しかしながら、彼らは、保身のための政治的判断もあり、最終的にメキシコを始めとするラテンアメリカ独立国家につき従うかたちで独立宣言（一八二一年）を採択することになる。このため、独立戦争の記憶もない彼らにとって、国家という存在はまだ不鮮明であり、独立後になってようやく新しい国家のかたちが模索され始めた。中米諸国が、みずから望んでメキシコへの併合（一八二二年）に踏みきり、その後ふたたび中米五ヵ国が結束して中米連邦共和国（一八二三―四〇年）を成立させるなど、中米諸国の国境線が刻々と変化していったことは、このことを如実に示している。[*7]

中米連邦共和国の崩壊（四〇年。このときグアテマラは、のちのサパティスタ民族解放軍活躍の舞台となるチアパス南部をメキシコに割譲）後、中米諸国のなかでもっとも政治・経済力の高いグアテマラが共和国宣言（四七年）を行うと、それに続いて他の中米諸国が次々と共和国へと移行（コスタリカ＝一八四八年、ニカラグア＝一八五四年、エルサルバドル＝一八五九年、ホンジュラス＝一八六五年）し、現在の中米五ヵ国の基本的な輪郭が漸次的に形づくられていった。とは言え、この時代には保守主義者のリーダーシップのもとで植民地時代の制度・思想・文化が根強く残存しており、いまだに人びとの間に明確な国民意識は育っていなかった。

2　自由主義時代の到来

中米連邦共和国からの離脱後、ラファエル・カレーラ大統領（在一八四〇〜六五年）率いるグアテマラ保守政権はイギリス資本に大きく依存するようになり、一八五〇〜七〇年のグアテマラ輸入の六〇パーセントが、繊維製品を中心とするイギリス製品によって占められていた。グアテマラからの主な輸出品はインディゴ（インド藍）やコチニール（洋紅）であったが、これは一八五〇年代の不作や安価なイギリス産の人工染料の普及によって、国際市場における競争力を失いつつあった。これに対して、カレーラは新たな財源としてすでにブラジルやコスタリカで成功を収めていたコーヒーの栽培・輸出に関心を寄せるようになる。[*8]

その特異なカリスマによって先住民に支持されていたカレーラは、スペイン植民地時代以来の先住民共同体を維持し、カシーケを中心とする伝統的な政治体制とクリオーリョ官僚による家父長主義的支配を併用する二重統治構造をそれ以前より巧妙に利用した。[*9] 一八三九年以降、半世紀以上にわたってメキシコのユカタン半島を席巻し、一時期は半島の五分の四を支配したマヤ系先住民の武装反乱（カスタ戦争）の惨状について十分に理解していたカレーラは、先住民を「近代化」することは国家に対する反乱や抵抗を増幅するだけだと判断し、彼らを家父長主義的に保護することが得策であると考えた。[*10] この当時、先住民（人口の約七〇パーセント）とメスティーソ（白人と先住民の混血。人口の約二五パーセント）のあいだの人種・民族対立や階級的差異ははっきりとしたものではなく、どちらも白人クリオーリョ（人口の約五パーセント）からは同じ「非白人」と扱われ、被支配階級に押し込められていた。たしかに先住民に対する課税は厳しかったものの、小規模な生産・貿易活動に従事するという点で、先住民と混血民のあいだにはそれほど厳然たる区別はなかったのである。[*11]

それでは、この時期の先住民たちはどのような暮らしをしていたのであろうか。彼らは、基本的にスペイン植民地時代となんら変わらない生活スタイルや価値観を維持していたようである。

この当時のグアテマラ先住民の生活をうかがい知るための史料はきわめて限定的であり、その全体像を把握するのは難しいが、一八六四年にトトニカパン市近郊の町モモステナンゴの先住民共同体で発生した殺人事件の裁判記録から、その一端を読み解くことができる。事件のあらすじは、次のようなものであった。

先住民のディエゴ・パサ夫妻が何者かによって山刀で惨殺されたため、政府はこの殺人事件を解決するために白人やラディーノの役人を派遣し、殺されたディエゴの母親から証言をとった。それによると、被害者夫婦は、同族の人びとに対して羊泥棒をはたらき、土地を手に入れる目的で同族人を「呪殺」したかどで、血縁者一同によって処刑されたというのである。しかし、この後、捜査は完全に行き詰まってしまう。なぜなら、この事件について知っている先住民たちは、被害者の母親以外、誰も何も語らなかったからである。[*12]

この記録から分かることは、当時の先住民が国家の司法権力をまったく尊重しておらず、同族人殺しは死をもって償うという共同体の掟こそが、彼らにとっての「正義」だということである。この事件について貝のように口を閉ざしてしまった住民の行動は、この掟が共同体全体に浸透していている証左となろう。この記録は、先住民の主体的な活動を記録した文書が圧倒的に不足しているこの時代について考察するうえで貴重な手掛かりとなる。

こうした状況のなか、欧米諸国の産業革命などに端を発する国際経済の急激な変化に対応しきれなくなった保守政権に代わり、グアテマラをはじめとする中米諸国で「自由主義（リベラル）」政権が成立することになる。グアテマラの「リベラル」時代を創始したのは、西部高地の有力なコーヒー・プランターであり、名高い軍人でもあったフスト＝ルフィーノ・バリオス大統領（在一八七一〜八五年）である。バリオスは、保守派や教会勢力と結びついた植民地時代以来の地域主義的な政治・経済構造を改編して中央集権化する一方で、先進国の資金や技術を積極的に導入しながらコーヒーを中心とする農産物輸出経済の基盤を固めていった。フランスやアメリカの投資家が鉄道や港などのインフラストラクチュアを整備し、イギリスやドイツの商人がマーケティング・チャンネルをうち立て、それによってグアテマラはコーヒー・モノカルチュアを基軸とする「近代化」の道を歩んでいくことになる。[*13]

バリオスをはじめとするグアテマラの「リベラル」政治家は、欧米の「自由主義者」とは異なり、独裁的権力を背景にした上からの近代化政策を通じて、自国を欧米をモデルとした国民国家に作りかえようと考えていた。彼らは植民地時代の政治・経済システムを破壊する一方、コーヒー地主階級を中心とした新たな寡頭支配体制を構築し、その頂点に立つ大統領の権限を議会に優先させる「権威的進歩主義者」たちであった。

ほぼ時を同じくして、他の中米諸国にもバリオスに追随するリベラル大統領が次々と出現したが、そのなかでもエルサルバドルのラファエル・サルディバル（在一八七六〜八五年）やコスタリカのトマス・グアルディア（在一八七〇〜八二年）は、グアテマラと同じようにコーヒー輸出経済を基盤とし、バリオス政治をモデルとする強権的な国家の世俗化と近代化を進めたことで知られている。次章で詳述するように、一九世紀末の中米地域に進出したアメリカ合衆国と全面対決するニカラグアのホセ＝サントス・セラヤ大統領（在一八九三―一九〇九年）も、その政治スタイルの類似性から、やや遅れて出現した「バリオスの息子」だと言える。

7　フスト＝ルフィーノ・バリオス

グアテマラにおけるコーヒーの輸出額全体に占める割合は、一八八〇年には九〇パーセントに達した。その後、農作物の多角化（小麦、天然ゴム、カカオ、サトウキビ、トウモロコシなど）やアメリカ合衆国資本のユナイテッド・フルーツ社（一八九九創業。のちにユナイテッド・ブランズ社、ついでチキータ・ブランズ・インターナショナルと社名変更して現在に至る）による大規模なバナナ生産によってコーヒーへの依存度は徐々に減じられたものの、二〇世紀初頭までその経済的重要性はきわめて高かった。[*14] バリオスは国策としてコーヒー農園の拡大を促進するため、荒れ地などの国有地をコーヒー農園主に売却・譲渡し、広大な教会所領を没収してコーヒー農園に変貌させたが、ここで重大な問題が発生した。労働力が著しく不足したのである。そのためにバリオスは、人口の七割を占める先住民を労働力として確保するために先住民共同体や長期借地契約の廃止を命じ、彼らの土地を奪い、トウモロコシ・豆類・イモ類などを中心とした先住民の自給自足生活を破壊して、彼らがコーヒー農園で働かざるを得ない状況に追いこんだ。

また、労働力不足の解消と、白人系住民を増大させて人種的にヨーロッパ諸国に近づくための白人至上主義的な「国民の白色化」を狙ったヨーロッパ移民の招致計画も実行されたが、目だった成功は収められなかった。外国人移民の多くは、グアテマラよりも成功の可能性が高いと見られたブラジルやアルゼンチンに集中したからである。それでも、少数ながら高い資本力と技術力を有するドイツ系移民がグアテマラのコーヒー生産・輸出業において大きな権限を持つようになり、一九〇〇年までには国内のドイツ系コーヒー農園の数は一五九、その総面積は五五九二・二五カバジェリア（二二六〇・二九平方キロメートル。全国土面積の二〜三パーセントに匹敵）に及んだ。[*15] バリオスはこのドイツ系移民の流入を歓迎し、一八七七年、彼らの代表に対して「一〇〇の外国人家族は、インディオ二万人に相当する価値がある」と述べている。[*16] 当時のクリオーリョがいかに白人の血を求め、先住民を軽視していたかが窺われる発言である。

こうして国家によって土地を奪われた先住民のなかには、コーヒー生産地帯から遠く離れた高地・山岳地帯へと逃避し、伝統的な先住民共同体を維持する者たちも多かった。[*17] そのため、バリオスは日給労働者の労働環境や給与について雇用者である農園主に一任すること、またマンダミエントと呼ばれる先住民の強制労働制度（国家が最高一〇〇人の労働者を先住民共同体から徴集し、コーヒー農園主に分配する）を法制化することにより、先住民をコーヒー農園に縛りつけようとした。[*18] 一八七九年には新憲法が制定され、そこでコーヒー栽培者の土地に対する権利、地方の政治経済に大きな影響を及ぼしていた教会の所領や財産の処分、先住民共同地や共有地の廃止などがさらに細かく規定された。

この「自由主義」改革とその指導役としての国家権力を正当化するために、バリオスはすでに「ナショナリズムの時代」のなかにあった欧米諸国を手本にして上からナショナリズムを創出し、その人びとを結束させうる魔術めいたエネルギーを思うままに操ろうと考えた。このバリオスの国民形成計画は、すぐに他の中米諸国によって模倣され、中米全体に広がっていくことになる。

3　国家による国民形成計画

バリオスは、グアテマラの住人に「想像の共同体」としての「国民」意識を持たせるため、一方で国旗、国歌、独立記念日、公園、鉄道、幹線道路などの統合と進歩を意味する国民シンボルを次々と創り、他方では政府系新聞や雑誌などの文字メディアを通じてグアテマラ「国民」概念（あるいはイメージ）を人びとに刷り込もうとした。彼は、国民シンボルと国民概念を相互に補完させて具体的な国民像を浮かび上がらせることによって、実際には多様性に満ちたグアテマラ群衆を、国家に忠誠を尽くす、均質的で、匿名のグアテマラ国民へ変身させようとしたが、後述するようにこの計画は軌道に乗らなかった。そこには、大きな欠陥があったからである。

公園などの公共空間や鉄道は、重要な国民統合と発展の国民的象徴として演説や公報においてくり返し言及された。とりわけ鉄道は、先進諸国においても重要な国民シンボルであったことから、その宣伝効果が大いに期待された。グアテマラにおける鉄道敷設工事は時間がかかったが、それでも都市間の限定的路線が開通するたびに、国家を一本の線で貫くこの国民の統合と発展のシンボルはメディア上で礼賛されている。[*19] この手法を流用したコスタリカにおいては、とくに鉄道が「ナショナリズム」「資本主義」「文明化」「ファルス（男性のシンボル）」を意味する「進歩」

と「力強さ」の国民的象徴として刷り込まれ、白人系多数派のあいだで受容された。[20] だが、グアテマラなどの先住民にとっては、この欧米的発展史観に立脚した国民シンボルは親しみやすいものではなく、感情移入しやすいものでもなかった。鉄道の敷設は、むしろ先住民の伝統的生活を変化させ、彼らを鉄道敷地内から追い立てることさえあったからである。ニカラグアのマサヤでは、これに対する先住民の暴動さえ起こっている。

グアテマラ国旗も、もちろん重要な国民シンボルであった。中米連邦時代の青（「空」や「海」を象徴）と白（「中米地峡」や「自由」を象徴）の縞模様を基調とした国旗中央部には、グアテマラの国鳥であり、古代マヤ人が「大気の神」として崇拝したケツァールをデザインした国章が描かれているが、これは同時代の先住民やその文化を積極的・直接的に国民シンボルへと昇華させる表象とは言いがたい。バリオス政権内には、多数派である先住民を納得させるような優れた国民シンボルの作り手は存在しなかったようである。

この時期の中米リベラル政府のなかで、上からの国民シンボルづくりに「成功」したのは、バリオスの政策を模したコスタリカのグアルディア大統領だけであった。コスタリカは植民地時代や中米連邦共和国時代を通じて、つねに中米地域の辺境であり、グアテマラの政治・経済的圧力に屈服し続けてきた。そのため、グアルディアを始めとするコスタリカのエリート政治家は、もし中米のクリオーリョ・エリートの間で燻《くすぶ》っていた中米単一国家構想がふたたび頭をもたげた場合——この不安はやがてバリオスの野心とともに現実となる——の自分たちの既得特権の喪失を恐れ、他のどの国よりも真剣に国民形成計画に取り組んでいた。コスタリカ・ナショナリズムの高揚こそが、中米統一国家の成立を妨げる最強の障害物になると考えられたのである。

スペインによる征服以前、周辺に強い影響を及ぼすような組織化された先住民社会が存在しなかったコスタリカでは、少数派の白人が多数派の先住民を支配するグアテマラとは異なり、白人・混血民の数が全体のおよそ九〇パーセントにのぼった。一〇パーセントにも満たない先住民や黒人は国家による国民形成計画の対象外とされ、主要都市部から隔離されたのと引き替えに、コスタリカでは欧米的表象や価値観がほとんど抵抗なく多数派に受け入れられたのである。たとえば、フランスの国民シンボルが、そのままコスタリカの国民シンボルとして採用された事例は多い。赤・青・白の三色国旗、フランス国歌「ラ・マルセイエーズ」に酷似した国歌、自由の女神を彷彿とさせる国民的英雄フアン・サンタマリアの像、オペラ座を模して建築された国立劇場はその代表例であり、白人・混血系住民が「国民」をイメージするうえで重要なシンボルとなったのである。[*21]

だが、こうした国民シンボルはグアテマラには存在しなかった。そのうえ、グアテマラにおける文字メディアを通じた国民概念の普及のための政策は、国民シンボルづくり以上に深刻な問題を抱えていた。一八七〇年代のグアテマラの識字率は一〇パーセントに大きく届かず、スペイン（カスティリヤ）語学校が増設された一八九三年の時点でさえ、七歳以上の識字率がわずか一一・三パーセントであり、一九二三年に至っても一三パーセントに過ぎなかった。[*22] このため、文字メディアのなかに込められた複雑な国民的メッセージが、先住民を中心とする多くのグアテマラ人のあいだで共有されることは困難であった。これと対照的なのはコスタリカの動向である。一八九二年の同国の識字率は三一パーセントであったが、国民形成計画の進行とともに識字教育が進み、一九二七年の識字率は七六パーセントにはね上がった。[*23] この状況は、コスタリカにおける文字メディアを通じた「白色国民」イメージの普及を促進することになる。

グアテマラの場合、国民概念の人びとへの刷り込みを試みるクリオーリョ・エリート自身も、グアテマラ軍務総監領時代から引きずっている中米全土の支配者意識を払拭できなかったため、彼らの提示する「グアテマラ国民」はつねに曖昧な概念でありつづけた。この時期のクリオーリョ・エリートにとって「国民」がいかに不明確な観念であったかについては、バリオスがもっとも信頼する高官であり、教育省や外務省の大臣職も歴任したロレンソ・モントゥファルが著した国民史叙述の内容にはっきりと見られる。

モントゥファルは、当時の中米でもっとも名声を博した歴史家の一人であり、バリオスから歴史教科書として使用しうる国民史の編纂を依頼されていた。歴史や地理について語るとき、彼は中米という共同体単位にこだわったが、この一種の「中米国民」意識は国民形成計画のなかで芽生え始めたグアテマラ「国民」意識と複雑に混交し、論理的な矛盾を生み出していた。たとえば、歴史地理教育の教科書となった『中米史概説』のなかで、モントゥファルは中米が一つの国家であると前提しておきながら、中米連邦共和国の分裂に言及して次のように述べている。

共和国は五つの国家へと分割された。混乱を避けるために各国家について話すことが必要である。各国家を単なる一つの国家と限定してしまうことは、ボルドーやマルセイユの他には何も語らないフランス史を書くようなものであろう。[*24]

このなかでモントゥファルは、すでに中米に五つの独立国家があると前提している。グアテマラ「国民」概念を読者に定着させるという本来の目的に忠実であろうとするならば、このあと、彼は祖国としてのグアテマラ国民国家と他の中米諸国との相違点について言及しなければならないはずである。ところが、彼は中米全体をフランスに、中米各国をフランスの主要都市にたとえることにより、あたかも本当の国家は唯一「中米」であるかのように矛盾した記述を行っている。

そして、次のような内容が続く。

中米は統一体ではない。それは五つの断片であり、連邦政府の時代においてさえも、各地域が独自の性格を持った行政組織を有していたのである。この中米全体について話すためには二通りの方法しかあり得ない。各章が中米の五つの区域に起こったことを、たとえそれぞれの出来事の間に関連がないにしても同時的に扱うようにするか、各章が各地域について専門的に記述されるか……[*25]

このように、中米連邦共和国の時代においてさえ、グアテマラを含めた中米各国はそれぞれ異なった国民国家の道を歩んでいたとしながらも、モントゥファルがどうしても「中米」への思いを断ち切ることができず、無理矢理に中米各国間のつながりを見出そうとするさまは滑稽でさえある。モントゥファルにとって「ネイション」は「中米」と「グアテマラ」の間で揺れ動く曖昧なものであった。彼は優れた国民神話の語り手にはなり得なかったのである。

こうしたネイション概念の不明瞭さは、モントゥファルだけに見られる傾向ではない。国民形成計画の主軸であるバリオス自身が中米連邦共和国の復活に心血を注いでいたことは、まさしくこのことを物語っている。バリオスの中米連邦復活計画はクリオーリョたちに熱烈に支持されており、モントゥファルもこうしたバリオスの動向をグラント将軍のアメリカ南北戦争における勝利と合衆国の再統一、カヴールやガリバルディの活躍によるイタリア統一、ビスマルクによるドイツ統一などに例えて称賛している。[*26]

また、バリオスは、ビスマルクによってドイツから派遣されたベルゲン中米総領事と親密な交友関係を築いており、ドイツの国家統一に大きな関心を抱き、それを参考に中米統一計画を練っていた。[*27] エルサルバドルとホンジュラスからすでに中米連邦への参入を取りつけていたバリオスは、この計画に対して消極的なニカラグアやコスタリカを軍事力で屈服させる準備を進めていた。結局、この計画は、財政難による軍事費の不足、中米における統合的市場の不在、中米各国におけるバリオスにならった国民形成計画の強化とナショナリズムの萌芽などの理由によって挫折したが、その後もグアテマラ・クリオーリョが「中米」という「想像の共同体」と完全に訣別するには時間を要することになる。たとえば、一九世紀後半にニカラグアを中心に巻きおこった中米連邦復活計画に対するグアテマラ側の嫉妬にも似た反感と憎悪や、一九二〇年のグアテマラを中心とする中米統一運動の再興は、彼らがその後も中米ネイションの幻想に囚われ続けたことを意味している。

このように、バリオス時代の国民形成計画は欠点だらけであったが、それでも都市の白人や混血層の意識に影響をもたらした。欧米諸国からもたらされるナショナリズムに満ちた言説や、

『レペルトリオ・アメリカーノ』のようなラテンアメリカ諸国の国境を越えて意見交換することが可能な知的雑誌の存在が、この傾向を後押ししたと考えられる。人口の一〇〜一五パーセントを占める都市の職人や労働者は、漸次的な工業化の過程で一種の社会階級を形成するようになっており、その性格は概して粗暴で、暴力事件も後を絶たなかったが、じつは彼らこそが下層階級で最初に「国民的なるもの」をイメージする社会集団なのである。[*28] とりわけ、小パトロンとなる可能性もあった職人階級は、都市労働者階級とブルジョワ階級の中間に位置しており、政府にとって無視することのできない社会勢力であった。バリオスさえも、彼らを懐柔するための保護政策を提示したほどである。

たとえば、一八七七年に創設されたグアテマラ職人協会の本部にはつねに国旗が掲げられ、自ら定めた協会規律のなかで「職人の汚点となっている悪徳や欠点、特に月曜日から浮浪する人びとに見られるような醜い習慣」を一掃することを強く訴えている。これは、バリオス政権が推進していた欧米的労働システムの整備に対して職人が主体的に協力し、自己規律化したことを示している。この団体は、ときに国家に対してより良い労働条件を求めるもっとも手強い圧力団体であったと言えるが、それでもバリオスの提示したルールに従って自己変革を試みていた。[*29] 彼らは、たしかに「国民」の道を歩みつつあった。

三――深まる民族対立、迷走する国民化政策

1　インディオの文明化

土地を奪われ、コーヒー農園で強制的に働かされていた多くの先住民にとってみれば、「ネイション」はまったく想像しがたいものであった。バリオスは、この状況こそが自身の国民形成計画における深刻な問題点であると認識し、「インディオの文明化」計画に取りかかった。先住民が「野蛮」であり、国民国家や自由主義の素晴らしさを理解しないことが、彼らが国民形成計画に主体的に関わろうとしない原因だと考えたのである。

興味ぶかいことに、「インディオの文明化」を推進したリベラル・エリートたちは、コントやスペンサーなどの社会ダーウィン主義思想に影響を受けていたにもかかわらず、先住民の「種」や「血」を否定せず、その「文化」のみを問題視した。これは、一方で欧米文化を崇拝し、先住民文化を侮蔑していたクリオーリョが、他方で先住民を「国民」概念に取り込まざるを得ないと

いうジレンマを論理的に解決する方策であった。[*30]

彼らはマヤ文明をエジプト、インド、ギリシア文明に匹敵する偉大な文明であると評価しながらも、その文明はスペイン人による征服期にすでに衰退していたと主張した。そして、「科学、芸術、そして言語という聖域」を有していたスペイン人は、衰えた先住民社会を再文明化する責務を怠り、先住民を奴隷化・迫害して卑しめたのだとする。[*31] これによって、先住民の栄光は遠い過去の記憶のなかだけに閉じこめられてしまう。だからこそ、「進歩的な」ヨーロッパ文明を身につけたリベラル・エリートが、先住民を「解放」し、文明化するように指導して、自分たちと同じ文化を共有するグアテマラ「国民」に育てる必要があるというのである。極論すると、この「文明化」計画は、植民地時代とほとんど変わらない白人至上主義に基いた先住民文化の欧米化（白色化）であった。

グアテマラにおける「インディオの文明化」運動は、少しずつかたちを変えながら、他の中米諸国にも拡大していった。二〇世紀中頃までのコスタリカにおいては、先住民はスペインからの独立までに白人と混血化（当時の男性中心主義的価値観が反映され、先住民女性と白人男性のあいだの混血化が重視され、白人男性が主導権を握っていることが強調された）して消滅したとする歴史教科書を採用していた。グアテマラに比して人口が圧倒的に少なかったとはいえ、現実には存在していた先住民をコスタリカ国家は公的な歴史叙述から消し去ったのである。[*32] つまり、国民形成計画の一環として先住民に対する文化の「白色化」を強要したグアテマラに対し、コスタリカは先住民を国民形成計画から放逐し、情報操作によって白人・混血層の意識に「コスタリカ国民＝白人」という観念を刷り込むことによって「白色化」を図ったわけである。

また、ニカラグアでは、ルーベン・ダリオに代表される文学者の著作にも見られるように、「ニカラグア国民＝混血」という意識が人びとのあいだに広まりつつあった。「トウモロコシ（先住民の主食―小澤）によって養われた身体にスペインの獅子の精神が宿っている」と表現されたこともある。[*33] しかしながら、こうしたインディヘニスモ〈先住民族の存在と歴史に自国民のアイデンティティを求める思想や運動。現実には先住民を〈国民〉概念に取りこむ理論として利用されることが多い〉に基づく国民意識も、やはり先住民の「白色化」と無縁ではない。このニカラグア「国民」意識のなかに具体的な先住民思想や文化が反映されていたわけではなく、その「混血」の証拠は、往々にして先住民がスペイン語を話すか否かで判断されていた。[*34] 先住民独自の言語ではなく、スペイン語という白人の言語を使用することがほとんど唯一の「人種融合」のカギとされていたことから、ニカラグアの「国民」概念も基本的に先住民の「白色化」を前提としていたと言える。

このように、他の中米諸国にも多大な影響を与えた「インディオの文明化」計画を実行するため、バリオス政府は先住民向けの学校を次々と建設し、そこで国民イメージを伝える媒体としてのスペイン語教育に全力を注いだ。当時のクリオーリョ・エリートたちが学校の文化的、思想的効果にきわめて楽観主義的な期待を抱いていたことは、様々な言説史料から明らかである。たとえば、一八七八年にチマルテナンゴに建てられた先住民夜間学校の創立式において、あるクリオーリョの検査官は、この学校が先住民文化の復興につながると述べている。そして、いったんスペイン語と一九世紀の文明を学んだ先住民は、秘書・教師・医者にもなることができるなど知的かつ富裕になり、スペイン風の食事やファッションをたしなんだ先住民女性は、よりいっそう美しくなると公言してはばからなかった。[*35]

このユートピア的楽観主義は、一八七九年に発刊された小説『鳥の視界—空想』のなかでも明らかである。著者のフランシスコ・ラインフィエスタはバリオス政権を支えた側近の一人であり、時空間を自由に旅することができるコンドルへ変身した主人公の視点から、文字通り「国民国家」を鳥瞰するグアテマラ最初のＳＦ小説を著したのであった。注目すべきは、この小説のなかで描かれる先住民の未来像である。

教育は、インディオを社会的平等が達成される水準に引きあげた。そして、まさにそのとき、驚いたことに彼らの血管を流れていた血は、すべて自分たちの頭のなかを流れる血や才能とまったく同じ性質であることがわかったのである（中略）あのとき、文明はこの君たちにとって最愛の人種を滅ぼしはしなかったのだ。[*36]

つまり、未来のグアテマラでは、「文明化」教育が功を奏した結果、先住民が白人・混血民と同じ血を共有する「国民」と化すというわけである。

ところが、実際の「インディオの文明化」は容易ではなかった。先住民の子供たちは政府の設置した学校には通わなかったし、一八八〇年に実施されたグアテマラ最初の人口統計調査の結果から、先住民共同体が根強く存続していることが判明したからである。楽観主義一色だったクリオーリョ官僚たちは、公報などにおいて先住民に対する感情的な怒りをぶちまけたが、先住民が「文明化」の名のもとに行われる「白色化」に従わなかったのは当然のことであろう。

加えて、コーヒー農園で働かされていた先住民は、統合された一つの「国民」をイメージするどころか、日増しに顕在化する人種・民族・階級対立のなかで暮らしていた。[*37] コーヒー収穫期に不足する労働力を補うために、農園主はカシーケと手を結んで先住民共同体から大量の季節労働者を獲得しようと試みたが、カシーケは概して誇り高く、しばしば高圧的な白人農園主に抵抗した。そのため、次第に白人農園主は先住民と直接的に向き合うことを避けるようになり、代わりに「両者の文化を理解することができる仲介役」としての混血民の社会的地位が確立されていった。こうして、これまで「非白人」として同一の社会階層におかれていた先住民と混血民が、あらたに階層分化していく。混血民は、白人農園主が先住民を間接支配するための代理人や監督役を任せられるようになり、農奴的な先住民労働者よりも上位の社会階級に位置するようになったのである。[*38]

国家が混血民の先住民居住区への移住を奨励していたことも、こうした事情と深く関わっていた。以前には聖職者と「インディオ文化に同化した者」以外には混血民が居住しなかった西部高地においても、一八七〇年代には商人や労働契約代理人などのラディーノが国家の後押しを受けて移住し、もっとも肥沃な土地を先住民から奪った。混血民の都市部への移住が増加するのもこの頃である。これに抵抗する先住民の小規模な反乱もあったが、知事の支援のもとで武装した混血民によって鎮圧されるか、あるいは国家警察隊に捕らえられ、「外国のもっとも完璧な監獄を模倣」した刑務所に収容されたのである。[*39]

コーヒー農園主であり、グアテマラの有力政治家たちとも交流のあったドイツ移民ヴァルター・ハンシュタインは、一八九二年、本国の両親にあてた手紙のなかで、こうしたグアテマラの社会構造について分かりやすく解説している。

グアテマラの住人は、異なった種族に属し、異なった言語を話す土着民のインディオである。彼らは、プランテーションの最下層を占める体の小さく、ずんぐりした人びとで、一日わずか一マルクで生活している（中略）二番目の種族が混血であるメスティーソであり、彼らは貿易業者や使用人として働いたり、牛や馬の世話をしている。スペイン人の子孫たちが、そうしたプランテーションの所有者である……[*40]

こうした状況下で、先住民が自己と白人・混血民を一括りにするグアテマラ「国民」イメージを共有することは困難であり、むしろ彼らの国家に対する不信感は以前にも増して募っていった。たとえば、人口の大多数が無学のキチェ東部では、一八八三年までに四二人の学校教師が国家によって派遣され、二〇の学校において九二〇人の男子学生、二五八人の女子学生を相手に教鞭をとったが、この学生数は地域の総人口のわずか一・六パーセントに過ぎず、その生徒のすべてがラディーノであった。[*41] 先住民たちは、スペイン語を習得することによって白人社会にいっそう従属させられることを警戒したため、「インディオの文明化」の現場である学校を徹底的に敬遠したのである。

先住民の白人・混血民に対する不満や怒りは、この時期にケツアルテナンゴ付近で誕生し、おもに高地先住民のあいだに定着した民族劇のなかで消極的に発散されていた。その大筋は、キチェ族の伝説的な王キカブが征服者たちと勇敢に戦うが、最終的には住民の安全を優先してスペインに屈服し、キリストへの帰依を誓うというものである。このなかでは、マヤとスペインの二項対立的構図が強調されており、劇中で使用される仮面に表現されたスペイン人の邪悪さとマヤ人の高貴さ、スペイン人の粗野な衣装に対するマヤ人の華麗さなど、さまざまなかたちでスペインに対するマヤの優越性が表象された。[*42] こうした方法で、先住民たちは「文明化」の圧力にじっと堪えていたのである。

2　国民形成計画の崩壊

バリオスの死後、甥のホセ・レイナ＝バリオスが大統領（在一八八五〜九八年）となり、叔父の国民形成計画を継承することになるが、「インディオの文明化」計画にかんしてはやや批判的な態度でこれを再検討した。レイナは、先住民が進んで「文明化」の道を選択する条件について側近と議論を重ねた結果、思いきった新戦略を打ち出した。一八九三年、先住民の強制労働に終止符を打ち、法的に労働の自由化を宣言したのである。これについてレイナは、「自由は、この貧困なる人種にとって、単なる無意味な書き言葉や偽りの理論としてではなく、いまや疑いない永遠の現実となった」とし、それによって先住民を国家の臣下（すなわち「国民」）へと変貌させるのだと宣言した。[*43] レイナ政府は、先住民に対するこの「最高の贈り物」を通じて、いっきに「インディオの文明化」を達成しようという腹であった。

しかしながら、債務によって縛りつけられた半強制労働はその後も法的に手つかずのまま残っていたため、土地を持たず、借金に苦しむ先住民の実質的な生活はまったく好転しなかった。こうした状況のもと、政府が自画自賛したこの「自由化」に対する先住民の反応は、思いのほか激しいかたちで現れた。彼らは政府に感謝の意を表するどころか、一八九八年、ウエウエテナンゴ市北方の町サンファン・イスコイにおいて大反乱を起こし、白人・混血層を恐怖の淵に突き落としたのである。先住民は石、棍棒、旧式銃で武装し、スペイン植民地時代と変わりのない「野蛮」な方法で、リベラル・エリートたちの「文明」に抵抗した。[*44] この反乱は新式の連射式ライフルで武装した国軍によってすぐに鎮圧されたものの、「インディオの文明化」計画が完全に崩壊したことは誰の目にも明らかであった。

「文明化」計画の失敗に直面したリベラル・エリートの失望は、レイナ政権で外務大臣も務めていたラモン・サラサールの小説『闘争』のなかに象徴的に込められている。この小説は、ラディーノ男性のエルナンドと先住民系女性のルイサの愛憎物語である。ルイサは信心深い貴族の出身で、スペイン国王と大司教を敬愛し、若くしてカトリック修道院に身を置いた経験を持つ。また、エルナンドは、典型的なリベラル的思考の持ち主で、著名なリベラル政治家の顧問を務めた父を持ち、スイスで教育を受けたインテリである。やがて、二人は恋に落ちて結婚するが、ルイサは、次第にエルナンドの徹底した啓蒙主義、汎神論、哲学的思考に反発するようになる。二人の関係が大きく揺らぐなか、ルイサの妊娠が発覚するが、自分の頭脳が子供に受け継がれることを期待するエルナンドに対し、ルイサは子供が夫と同じ思考を持つ恐怖に苛まれる。結局、生まれた子供の不運な死をきっかけに二人は破局する。ルイサは、ふたたび修道院に戻ったあと、体調を崩して他界し、他方でアルコール中毒のギャンブラーに身を落としたエルナンドは、ルイサの不幸な死を知り、後を追うように息絶えるという悲劇的な内容である。[*45]

この小説のなかで、ルイサは貴族、カトリシズム、封建主義、先住民、非合理性といった植民地時代の遺産を、対してエルナンドは、進歩、科学、資本主義、ラディーノ、合理性などのリベラル的価値観を表象している（男性中心主義的な価値観が反映され、「植民地」にまつわるマイナス・イメージは女性であるルイサの側に押し付けられている）。すなわち、ラディーノの先住民に対する「文明化」計画が失敗に終わり、絶望の淵に陥ったリベラル・エリートの歴史を、エルナンドとルイサの悲恋になぞって表現したのである。二人の愛の結晶である「グアテマラ国民」という赤子は不幸な死を遂げ、永遠に生き返らないというわけである。[*46] 自ら先住民の「文明化」

計画の中枢で働いていたサラサールの失望の深さが窺える内容である。

だが、こうした国家の先住民に対する国民化政策の失敗と失望のかたわらで、一部の先住民が自ら望んでグアマテマラ国家機構の一員となっていたことは特筆すべき事実である。この現象は、マヌエル・エストラーダ゠カブレラ大統領（在一八九八〜一九二〇）時代に見られた。[*47] エストラーダはグアテマラ史上最初の文民大統領であったが、政権を掌握するとすぐに独裁化し、アメリカ合衆国の資本家と手を結んで財政を安定させたうえで、新聞の検閲、反対派の追放・収監、警察の強化、身内による高級官僚職の独占など、バリオスをしのぐ軍事独裁政治を行うようになった。その徹底した独裁のさまは、フランスへの亡命を余儀なくされたノーベル文学賞受賞者ミゲル゠アンヘル・アストゥリアスの小説『大統領閣下』のなかで批判的に描かれていることでも知られている。[*48] また、エストラーダは、バリオス時代には一定の配慮を受けていた職人など都市民の活動も厳しく制限・管理したため、人びとの不満は高まっていった。

エストラーダは、こうした都市民による反政府運動の気運を感じとり、経済的にはアメリカ合衆国資本の進出を積極的に受け入れると同時に、すみやかに国軍を増強した。ところが、再整備された軍隊に多数の先住民兵士が含まれていたため、混血層を中心とした都市民の反政府運動を武装した先住民兵士が鎮圧するという歴史的な反転現象が現出した。コーヒー農園などで先住民支配のエージェントとして活動してきた混血民が、今度は先住民によって監視されることになったわけである。こうして軍人という「下級公務員」となった一部の先住民たちのなかには、グアテマラの国家制度に準ずる者も見られるようになった。一八九九年、ふたたびモモステナンゴで起こった殺人事件にかんする記録は、このことを如実に表している。事件のあらましは次の通りである。

先住民軍人のティモテオ・アハネルは、同じく先住民軍人の夫と結婚した妹の通夜に出席していた。そこに、やはり先住民軍人であるフェルミン少尉が数人の部下を引き連れて現れ、突然、ティモテオを刺殺した。殺人の動機は不明である。すぐに、被害者の父親であるファン・アハネルが訴え出たので、フェルミンは当局に拘束されることになった。ラディーノの司法官はすぐに調査を開始し、検死をおこない、目撃者から証言をとった後、事件を裁判に持ちこんだ。ファンはカランサという名の経験豊富で優秀なラディーノの弁護士を雇い、フェルミンの弁護はグスマンと称する地元出身の教養たかい先住民が引き受けた。公判の途中でグスマン弁護士は、近代法にもとづく合理的思考によって審判を下すべきだと裁判官に訴えた。そして、八ヵ月後、容疑者は懲役一〇年の実刑判決を受けた。[*49]

この内容を先に述べた一八六四年の裁判記録と比較するならば、その違いは歴然としている。

ここに登場する先住民軍人とその近親者たちは、何のためらいもなく事件の解決を国家の規定した裁判手続きにゆだねている。被害者の家族が、共同体の掟にしたがって容疑者に報復することはなかった。また、被害者の父親が裁判に勝つためにラディーノの弁護士を雇ったこと、また容疑者の弁護を先住民（実際は先住民の血の濃い混血であったと考えられる）の弁護士が担当したという事実は、彼らが伝統的な社会規律から脱却しつつあったことを示している。この記録からは、事件にかかわった先住民たちが確固とした「国民」意識を有していたかどうかまでは判断しかねるが、少なくとも彼らが主体的に国家制度に従っていたことは注目に値する。この事件以外にも、この時期の先住民が国家の法体系に則り、自分たちの権利を守るために当局に提出したスペイン語の文書、嘆願書は多く存在する。[*50] すなわち、一部の先住民が「国民」化される可能性は存在したのである。

しかしながら、この時代にバリオス以来続いていた国民形成計画は、ついに断絶することになる。エストラーダは首都に巨大なグアテマラの立体模型図を設置し、イメージ上の国民空間と地図上の国民空間とを一致させる試みを行ったが、これが彼の二二年間の独裁のあいだに創設された唯一の国民シンボルであり、あらたな国民史編纂も行われなかった。[*51] それどころか、エストラーダは、それまで国民シンボルとして市民に親しまれていた九月一五日の独立記念祭を一方的に廃止し、古代ギリシアの都市国家アテナイ（アテネ）の守護神ミネルヴァを讃える祭典に差しかえた。この決定についてはいまだに謎が多いが、おそらくは中米クリオーリョのヨーロッパ文化至上主義が、原理主義的なかたちで「先祖がえり」し、発現したものであると考えられる。

また、もう一つの重要な国民シンボルである鉄道も、アメリカ帝国主義のシンボルとしてグアテマラのナショナリストに憎まれたユナイテッド・フルーツ社の創始者であるアメリカ人資本家マイナー・キースの資金で敷設されたため、グアテマラの国民シンボルとしての意味を失った。キースは、その凄まじい資金力でグアテマラやコスタリカにおける鉄道の敷設を財政的に支援しながら、バナナ農園内において各国の法的権限が必ずしも及ばない「飛び地」を確立しており、「バナナ共和国」と揶揄されたほどである。[*52] とりわけ、一九〇八年のグアテマラ―プエルト・バリオス間鉄道の完成式典の主役は、無数の星条旗をはためかせてターミナルに出現した列車を出迎える出資者のキースと合衆国特使ディヴィス将軍であり、事実上グアテマラ進出に成功した「アメリカ国民の偉大さ」を祝する式典と化していたと言えよう。[*53] こうして、エストラーダ時代には、バリオス以来の国民形成計画が完全に麻痺することになったのである。

こうして、中米地域で最初に実施され、他の中米諸国のモデルともなったグアテマラの国民形成計画は、失敗に終わることになった。「リベラル」政府による上からのグアテマラ・ネイション作りに巻きこまれるなかで、むしろ先住民は植民地時代にも増して「不自由」な生活を強いられ、深刻な人種対立の最前線にさらされ、これに抵抗した場合は「非国民」として徹底的な排除の対象となったのである。

四——恒常化する国家暴力

一九一九年、エストラーダの独裁政治に不満を持つ保守派、職人、都市労働者、鉄道労働者、一部の先住民による反政府運動が激化し、翌年、「自由主義の再生」を掲げた学生や知識人を中核とする統一党がエストラーダを政権から追放した。しかし、この民主運動も、必ずしも国民的運動とは言えない「反独裁」のもとでの一時的な政治的結合であったように思われる。たとえば、この運動の中核を担った労働者連盟の代表は、統一党員をつねに「お坊ちゃん」と呼んでバカにしていたし、先住民に対しては家父長主義的な言いまわしで「インディート（未熟なインディオの意）」と呼び、「私たちの言語（スペイン語—小澤）をほとんど話すことができない」ことを嘲笑していた。*54 彼らはグアテマラ「国民」として結束していたわけではなかったのである。

その後、統一党はバリオスの遺志を継ぐかのように積極的な外交を展開し、コスタリカをのぞく中米四ヵ国による中米連邦の復活を試みることになる。だが、すでにニカラグアやパナマをはじめ中米地域に巨大な利権を築いていたアメリカ合衆国は、この動きを警戒し、徹底的な政治干渉によってこの連合を崩壊させた。一九二三年にアメリカは、クーデタや革命運動によって成立した政府の正当性を承認しないこと、また中米諸国の既存の主権や独立に影響を与える新たな立法行為を放棄することなどを盛りこんだワシントン条約を中米諸国に押しつけた。この「北方の巨人」の圧力によって、中米連邦共和国の結成は実現不可能な過去の夢となる。

約半世紀におよぶグアテマラの「自由主義」時代は、バリオス、レイナ、エストラーダというたった三人の独裁的権限を持った大統領によって創出された。そのあいだに行われた上からの国民形成計画の失敗が、その後のグアテマラ社会に多大な影響を及ぼすことになったことは言うまでもない。ラサーロ・チャコンによる民主制への移行が失敗に終わり、反共主義者のホルヘ・ウビコ（在三一―四四年）による軍事政権が誕生したのを皮切りに、その後のグアテマラでは軍部による恐怖政治が長期にわたって続くことになる。

もちろん、グアテマラの心ある人びとは、ただ漠然とこの状況を黙認していたわけではない。メキシコで先住民擁護について話し合う第一回米州インディヘニスモ会議（四〇年）が開催されたことを受け、グアテマラでもインディヘニスタ（インディヘニスモにもとづく思想家や運動家）によるインディヘニスタ国民協会が創設（四五年）され、マヤ系先住民の共同体や文化に関する本格的な研究が始まった。また、労働組合や共産主義者の思想や運動（次章において詳述）に影響を受けたハコボ・アルベンス大統領（在五〇―四年）のように、ユナイテッド・フルーツ社をふくむ大土地所有を解体し、土地を失った先住民や貧農を救済しようと務めた政治家も存在した。しかしながら、こうした動きは、自国の権益を保護しようとするアメリカと、既存の国家秩序を維持しようとする寡頭政治家および軍部右派の介入によって、妨害され続けたのである。

バリオス時代からエストラーダ時代にかけて膨張した軍部は、リベラル政権による国民形成計画や「インディオの文明化」計画の失敗から誤った「教訓」を引き出してしまった。先住民は手の施しようのない異質な存在であり、彼らを説得することは不可能であるから、グアテマラ国家の統一と秩序を維持するためには言葉や議論、あるいは穏健的なナショナリズムを通じてではなく、軍事力と全体主義的なナショナリズムによる支配こそが効果的だとする思想である。ドイツのアドルフ・ヒトラーやスペインのフランシスコ・フランコの独裁政治をモデルとしたウビコは、先住民労働者に対して次のように言い放った。

働くために結集せよ。それこそが、祖国と私に奉仕する最良の方法である。[*55]

このように、多くの先住民を抱えるグアテマラの公権力が強硬路線へと方針転換し、暴力によって露骨に先住民を支配するようになったことこそが、その後のグアテマラおよびその他の中米諸国における先住民の自治や人権を大きく脅かす元凶となっていく。この圧倒的な暴力にあらがうために、先住民側も次第にその抵抗運動を過激化していった。彼らは武装ゲリラ戦術を用いるなどして徹底抗戦の姿勢（のちにメキシコ・チアパス州で抵抗運動を展開するサパティィスタ民族解放軍は、このような国家暴力に対抗するための先住民側の暴力主義を批判している）を明確にし、これに先住民以外のアナーキストや共産主義者、あるいはアルベンスの流れをくむ軍部左派の動向が絡み合って、グアテマラは事実上の内戦状態となった。一九五〇年から九〇年のあいだにグアテマラで死亡あるいは行方不明となった人びとの数は、一〇万五〇〇〇人を超えると言われている。

本章の冒頭で紹介したメンチュウの言葉は、「国民」をめぐるこうした苦難の歴史のなかで翻弄されつづけた先住民による「自分たちの歴史」を取りもどすための魂の叫びであると言えよう。しかしながら、それはけっして先住民のグアテマラ国民国家への憎悪やそこからの完全分離を強調するものではなく、「各民族とラディーノの平等性、相互の独自性と文化の多様性の尊重」を基盤にした多民族国家の実現を呼びかけるものである。このように、受難の歴史をみずから乗り越えようとする先住民側が多様な人びとの共存を前提とする新たな国家・社会を提言するようになったということは、近年の先住民運動が新たな段階に突入したことを示唆している。

II

下からの反米ナショナリズムと先住民

20世紀前半から後半

一——「国民革命」神話のかげで

——サンディニスモ（英雄サンディーノの思想や行動を継承しようとする思想や運動——小澤）は幅広い（中略）すべての多様な集団をサンディニスタ戦線の一部であると感じさせたものは、国民的必要条件としてのサンディーノと、サンディニスタ戦線のプログラムと、カルロス・フォンセカの統率力です[*1]（サンディニスタ国民軍のある女性司令官の証言）。

——生活は改善され、医療も保険によって受けられます。しかし、（サンディニスタ——小澤）政府がインディオの気質や伝統に無理解なために、なかなかうまくいきません。例えば、サンディーノ、フォンセーカを敬えといっても、サンディーノは神にあらずと反発してきます（大西洋海岸地帯の先住民牧師の証言[*2]）。

これら二つ証言は、どちらもサンディニスタ革命政権期のニカラグアにおいて記録されたものである。カルロス・フォンセカらによって結成されたサンディニスタ民族解放戦線は、かつてニカラグアの支配を狙ったアメリカとその傀儡政権をゲリラ戦で苦しめた英雄アウグスト＝セサル・

8 **ニカラグア関係地図**

サンディーノを国民統合の象徴とした武装組織であり、一九七九年には親米的な独裁者アナスタシオ・ソモサを追放するニカラグア革命の主役となった。その後、革命政権の中核を担ったサンディニスタは「国民革命」的価値観を重視しながら市民生活の立て直しに尽力し、その動向は世界から大いに注目された。先の証言は、まさにこの革命政権期を生きた人びとの率直な意見だといってよい。

一見して分かるように、両者の証言は正反対の内容を示している。一つめのサンディニスタ兵士の言説においては、サンディーノ、フォンセカ、サンディニスタ戦線が同じニカラグア「国民史」の連続性のなかで捉えられており、そのリーダーシップのもとでニカラグア国内の多様な人びとがすべて一つの「国民」として統合されていることが強調されている。これは、サンディニスタ革命政権の公式見解と一致するものである。

二つめの先住民（ミスキート族）牧師の証言は、これとはかなり異なっている。サンディニスタ革命政権は先住民の気質や伝統を尊重せず、これに対して先住民側も「国民革命」やそのシンボルを理解せずに相互に敵対する現状について、この牧師が苦悩する様子がうかがえる。この描写からは、先の兵士が自信たっぷりに語るサンディニスタの政策やプログラムの有効性、あるいは指導者たちの統率力はほとんど感じられない。

七九年の革命は、たしかに「国民革命」の性格を備えていたはずである。それにもかかわらず、この食いちがった二つの「真実」が語られるに至った理由はいったいどこにあるのだろうか。本章では、ニカラグアを中心に「下から」の反米ナショナリズム運動とその結晶としてのニカラグア革命の推移を追いながら、その歴史の流れのなかで先住民がいかに決定的な役まわり演じたかについて考察する。

二──アメリカの侵略と反米主義

1 「裏庭」と化す中米

米英戦争後、経済的に自立したアメリカ合衆国は、近接する中米・カリブ地域への進出をもくろんだ。ヨーロッパ列強がラテンアメリカの独立に介入する姿勢を見せると、アメリカはこれを牽制してモンロー宣言を発し、ヨーロッパと南北アメリカのあいだの相互不干渉を主張した。アメリカはラテンアメリカからヨーロッパの影響力を排除し、この地域の独占的な支配を狙っていたのである。アメリカのラテンアメリカへの進出を警戒していたボリーバルの不安は、見事に的中していた。他方で、世界に先駆けて産業革命を達成したイギリスも、新たな市場を求めてこの地域への進出に野心を燃やしていた。

そのなかでもアメリカが中米を重視した理由は、その地理的な特殊性にある。中米地峡は、アメリカの国防や海上交易にとって重要なカリブ海上の寄港地であるうえに、南北アメリカ大陸をつなど陸上の要所でもある。さらに、わずか数十キロメートルの陸地を挟んでカリブ海と太平洋を往来しうるこの地を手中にすることは、カリブ海域にアメリカの覇権を確立するために不可欠であった。かつて征服者コルテスも、太平洋とカリブ海（太西洋）をつなぐ運河の建設を夢みていたが、当時は技術的な問題からその実現は不可能であった。だが、それから三世紀ほど時を経て、高い資金力と技術力を手したアメリカとイギリスは、両大洋間運河の建設を真剣に目指すようになった。

両国が運河建設の第一候補地としたのはニカラグアであった。その地理的条件から、建設工事が容易であると予想されたからである。ニカラグアをめぐって対立を深めたアメリカとイギリスは、やがて武力衝突を回避するために二国間条約（クレイトン＝バルワー条約、一八四九年）を締結した。ニカラグアの主権を無視し、その頭越しに結ばれたこの協定によって、アメリカ、イギリスのどちらがニカラグアに運河を建設した場合でも、政治的中立が維持されることが約束された。このときイギリスは、中米地域に新たな植民地を建設しないことを条件に、一七世紀以来イギリス人が住みついていたユカタン半島東部（現在のベリーズ）の支配権をアメリカによって承認されている。[*3] こうして、イギリスとの衝突を回避したアメリカは、ニカラグアに対する介入の第一歩を踏み出した。

一八五五―六年には、テネシー州出身のアメリカ人傭兵ウィリアム・ウォーカーが、ニカラグアの政治的混乱につけ込んでこの国を支配したあと、アメリカ南部の奴隷制支持派による資金と武器の援助を受けながら、他の中米諸国にも軍事侵攻する動きを見せた。ウォーカーは、戦略的に重要な中米地峡をアメリカに併合しようとしたのである。この試みは、グアテマラとコスタリカを主力とする中米連合軍（イギリスも加勢）によって打破されたが、アメリカの中米支配に対する並々ならぬ思いを象徴する事件であった。*4

南北戦争後、再建期、産業革命期を経て強国となったアメリカは、西部開拓を推進して国内のフロンティア（辺境）を消滅させ、やがて余剰農産物や工業製品のための海外市場を求めるようになった。こうした経済的膨張主義に熱狂的なナショナリズムが加味された結果、アングロ・サクソン民族やアメリカ政治制度の優秀性をうたい、発展途上地域の「文明化」はアメリカ白人の責務であると主張する者も現れる。こうしたなか、軍人のアルフレッド・マハンは『海上権力史論』を発表し、アメリカの偉大さと繁栄を実現するためにはまず海上覇権を獲得すべきだと主張した。その具体策として、中米地峡における運河建設、カリブ海域の支配、ハワイ領有などの必要性が強調され、セオドア・ローズヴェルト大統領など多くのアメリカ人政治家に影響を及ぼすことになる。*5

そして、一八九八年、カリブ海域に若干の影響力を残していたスペインとの戦争に勝利したアメリカは、いよいよ中米・カリブ地域への進出を本格化し、この地域を自国の「裏庭」と見なすようになった。これにともない、アメリカの巨大資本は、コーヒーやバナナなどの生産業のみならず、鉄道・道路・港など様々なインフラストラクチュアの建設事業にも流れ込み、この地域に経済的な支配体制を築いていく(こうした資本家を代表する人物がユナイテッド・フルーツ社のマイナー・キースであった)。アメリカは、一九二〇年までにキューバ、プエルトリコ、パナマ、ニカラグア、ハイチ、ドミニカ共和国などに軍隊を派遣・駐留させ、中米・カリブ地域の「裏庭」化を着々と進めていった。

2　運河をめぐる攻防

一九世紀末、運河建設の第一候補地となったニカラグアでは、アメリカの軍事・経済的進出に対して反米ナショナリズムが高まりつつあった。このとき、「自由主義」時代に移行した中米諸国のなかにあって、ニカラグアだけはいまだに保守派による支配が続いていた。リベラル勢力がウォーカーの戦争に加担し、その敗北とともに失脚したからである。だが、国民形成計画にかんしては、ニカラグア保守政権もバリオスらの手法から学んでおり、先住民人口が全体の約三五パーセント、メスティーソ系住民が全体の約六〇パーセントを占めていた社会状況を反映し、先住民の身体にスペイン人の精神が宿るとする「混血国民」イメージが広まりつつあった。

ただし、この「混血国民」イメージは、先住民文化を「白色化」するために都合よく利用されることも多く、グアテマラやコスタリカの白色化計画と類似していることを再度確認しておくことは重要である。一般に「インディオ」という言葉は「後進性」や「無知」の同義語として認識されており、純粋な先住民の存在は文明化と社会的調和にとっての障害と見なされていた。数度にわたって先住民共同体の解体を命ずる法律が制定されたことも、この事実を裏書きしている。[*6] この危うい「混血国民」イメージが、ニカラグア国民意識の形成過程における核となっていたのである。

この生まれたてのニカラグア・ナショナリズムを高揚させ、そのエネルギーを政治的に利用したのが、ホセ=サントス・セラヤ大統領であった。マナグア市のコーヒー・ブルジョワと軍部の後押しで政治権力を掌握したセラヤは、バリオスさながらの典型的な「リベラル」大統領であった。[*7] セラヤは、自由主義の名のもとに国内のインフラストラクチュアの整備、外国資本の積極的な招致、強制労働システムの確立を進める一方で、大統領権限を強化して国家の中央集権化を進めた。そして、その独裁的な政治権力を社会的に正当化するために、ナショナリズムが内包する統合的な国民イメージを利用したのである。

ココ川
プエルト・カベサス
リオグランデ川
サンディベイ・シルピ
ニカラグア
カリブ海
ブルーフィールズ
ニカラグア湖
サンファン・デル・ノルテ
イギリス保護領(1820's−1860)
イギリス・ニカラグア間で画定されたモスキート保留地(1860)
軍事占領によって誕生したセラヤ地区(1894)
ミスラサータが主張した領土(1981)

9 ミスキート関連地図

セラヤは、経済発展の切り札として、その地理的優位性を活かした両大洋間運河の建設計画を打ちあげ、ニカラグアが単独でこの計画を実現すると宣言した。アメリカはこれに対して不快感をあらわにし、ニカラグア国内の反対派にテコ入れしてセラヤ政権の転覆を図ったが、対するセラヤも反米ナショナリズムをむき出しにして一歩も退かなかった。その一環として、セラヤはそれまでニカラグアの国民空間とは見なされていなかった大西洋海岸（モスキート海岸）とそれに隣接するジャングル地帯を共和国へ併合して「セラヤ地区」とし、この地に先住するミスキート族やカリブ系黒人をふくむ新たな「混血国民」イメージにもとづく国民統合を呼びかけたのである。[*8]

だが、この併合はニカラグア国家に対するミスキート族の敵対心を生みだした。もともとミスキート族はマヤ系とは異なる言語や文化を有する狩猟・漁業で生活する先住民族であったが、この頃までにはカリブ海岸沿いに移民したカリブ系黒人や他の先住民族（スム族やラマ族など）と複雑に混血し、また共存していた。その特色は共同体によって様々であるが、マヤ系先住民に似て日常的な家族の生活空間以外の土地を公共のものと見なし、族長は政治・経済の幅広いに領域に対して大きな権限を持っている点にある。ただし、マヤ系とは異なり、ミスキートは地理上の問題により他のスペイン系ニカラグア社会から隔絶されていたため、結果としてその文化的独自性と自治を長いあいだ享受してきた。
一七世紀末、ミスキートはスペインに対抗してこの地に進出したイギリスの支配下に置かれたが、イギリスは族長制など現地の政治権力構造や慣習的経済システムを破壊せず、むしろこれらを尊重する姿勢を示しながら間接統治の手段として利用したため、ミスキート族の対イギリス人感情は概して良好であった。やがて、モラヴィア教会による教育・布教活動の結果、ミスキートの多くは英語とプロテスタントをみずからの文化のなかに受容していく。こうして彼らは、しばしば「アングロ・サクソンびいき」と呼ばれる独自の対英米関係を構築していった。換言するとミスキートは、スペイン語とカトリックを「共通文化」とするニカラグアのマヤ―スペイン「混血国民」概念から乖離した異質な存在となったのである。[*9]
アメリカに対抗するため、セラヤはこの「異質な人びと」を強制的にニカラグア「国民」に編入しようと試みた。アメリカの投資家たちがイギリス人にならってミスキートと親交を深めつつ、大西洋海岸地帯の投資活動の九〇パーセントを占めていたことも、セラヤを焦らせたようである。セラヤはこの地域を一方的に軍事占領し、人びとから土地を奪い、族長を追放したあとで、ニカラグア式の政治・経済システムを強制的に導入して新たな「ニカラグア国民国家」を創り上げようとした。[*10] 強国アメリカから自国を守るためにニカラグア「国民」の統合と結束を強化した結果、ミスキート族という民族的少数派（エスニック・マイノリティ）集団の伝統・文化・慣習・自治が剥奪されたのである。

また、セラヤは、ニカラグア一国ではアメリカに対抗できないとの判断から、隣国ホンジュラスやエルサルバドルの政治に介入し、「大中米共和国」を結成する協定を取りつけた。バリオスをほうふつとさせるこの中米連邦復活計画は、しかしながら、巧妙なアメリカの切り崩しによって水泡に帰すことになる。アメリカは経済支援を欲するエルサルバドルに働きかけ、土壇場で連邦協定から離脱させたのである。さらに、親米的なメキシコのポルフィリオ・ディアスやグアテマラのエストラーダなどの独裁者からも政治的圧力がかけられ、セラヤは中米で孤立してしまう。とくにエストラーダは、ニカラグアのリーダーシップのもとで中米が統一されることを嫌い、ことごとくセラヤと敵対した。[*11]

やがてアメリカは、反米的なニカラグアにおける運河建設をあきらめ、パナマに関心を向けるようになった。このときのパナマは、ボリーバルが建国した大コロンビア共和国（現在のパナマ、エクアドル、ベネズエラ、コロンビアを合わせた統一国家）から分離・独立したコロンビアの領土内にあった。アメリカ西部のカリフォルニアにおけるゴールドラッシュ（一八四八年）以来、アメリカ東部のヒトやモノが、当時交戦中であったメキシコを迂回し、パナマの大西洋側から陸路で太平洋側へと横断したあと、海路で北上してアメリカ西部を目指していた。とりわけ、一八五五年にアメリカ資本によって敷設され、両大洋をつないだパナマ鉄道は、アメリカ人にとって馴染みぶかい交通ルートとなる。

一八八〇年、コロンビアからパナマ運河の建設権を譲渡されたフランスは、すでにエジプトにおけるスエズ運河建設で名声を博していたレセップスの指揮のもと、運河建設工事を開始した。だが、予想以上に厳しい自然条件や蔓延する熱病に悩まされ、未完成のまま資金が枯渇してしまう。この運河建設権を引きついだアメリカのセオドア・ローズヴェルト政権は、運河の主権にこだわるコロンビアの影響力を排除するため、パナマのコロンビアからの独立運動を指導した。その混乱に乗じてアメリカは、パナマ運河と運河地帯（運河の両岸各八キロメートル内の領土）を「あたかも主権者のように」永久所有する権利を認める条約（ヘイ=ビュノーバリーヤ条約、一九〇三年）をパナマ側に呑ませたのである。[*12] こうして、パナマ運河と運河地帯は約一世紀にわたってアメリカの支配下に置かれることになった。一九〇四年から一〇年の歳月を費やし、パナマ運河を完成させたアメリカは、運河地帯に駐留させた強大な軍事力を背景に、中米・カリブ地域の支配を進めていく。

アメリカは、「中米唯一の運河」としてのパナマ運河の優位を保つためにセラヤの運河建設計画をいっそう敵視し、一九〇九年、ついにセラヤ大統領を失脚させた。その後もアメリカは、ニカラグアに誕生した保守派の傀儡政権を介して、税・金融・国家予算にかかわる中核機関を支配下におさめ、一九一二年以降、領土内に公然と海兵隊を駐留させた。[*13] そのうえニカラグアは、自国領土内における運河建設権をアメリカに譲渡し、九九年間アメリカ軍に海軍基地を提供することを約した不平等条約（ブライアン=チャモロ条約、一九一六年）を押しつけられる。ニカラグアは完全にアメリカの保護国と化したのである。[*14]

三――反米主義からナショナリズムへ

1 噴出する反米ナショナリズム

セラヤによる「上から」の反米ナショナリズム政策は、ニカラグア民衆による「下から」の運動とも共鳴しあい、アメリカによるニカラグアの軍事占領以降、各地で民衆運動が頻発した。たとえば、セラヤ派の若き政治家ベンハミン・セレドンは、農民を従えて武装蜂起したが、やがて政府軍と海兵隊に捕らえられ処刑されている。また、職人たちも反寡頭政治・反帝国主義の綱領を掲げて反政府運動を展開した。とりわけ、メキシコ革命の影響を受けた都市の職人や労働者たちのなかには、急進派が多く存在した。欧米資本と手を組んだ独裁者ディアスを追放したこの国民主義的な革命は、似たような状況下にある急進的なニカラグア人にとっては「進むべき道」のように感じられたことだろう。

さらに、ロシア革命に刺激された知識人のリーダーシップのもとで、ニカラグアの労働組合運動が活発化していった。たとえば、詩人のサロモン・デ゠ラ゠セルバは、ニカラグア労働連盟を率いて「アメリカ帝国主義」に挑戦し、労働運動を組織した歴史家ソフォニアス・サルバティエレも、労働者階級の結束を通じて反米民族意識を高める重要性について力説した。[*15] これらの運動はすぐにアメリカ追放運動へと発展することはなかったが、人びとの政治意識を尖鋭化し、のちの大衆運動を準備する役割を果たしている。

10　ベンハミン・セレドン

大衆運動は、一九二〇年代のラテンアメリカ全域で巻きおこっていた。中米のグアテマラやエルサルバドルでも共産主義や社会福祉思想に共鳴した学生の運動が激しさを増していたが、とりわけ経済的格差が著しかったエルサルバドルでは、コーヒー輸出による莫大な利益を独占するわずか「一四家族」のエリート支配に対する不満が爆発した。一九二四年、都市の労働者や職人を中心に結成されたエルサルバドル地域労働者連盟（レヒオナル）は中米を代表する労働組織の一つであり、そこには無政府主義者、共産主義者、改革主義者など多様な人びとも参加している。その同年、ニカラグアのチナンデガ中央労働者センターの政治綱領においても、「農業改革」、「民主主義的権利と組合の権利」、「アメリカ政府の銃剣とウォール街の金融業者に支援された政府の打倒」が掲げられ、運動が激化している。[*16] 世界恐慌による不況は、この傾向に拍車をかけることになった。

都市周辺部の先住民のなかにも、こうした反米・反寡頭政治の運動に合流する者が存在した。彼らが、鉄道や幹線道路を舞台に抵抗運動を展開したことは象徴的である。一九一〇年代末までに、電気・水道・鉄道・道路網の拡大は、都市周辺の先住民生活に多大な影響をもたらしていた。[*17] とくに、かつてグアテマラやコスタリカにおいて重要な「国民」シンボルとされた鉄道や幹線道路は、ニカラグアではアメリカ資本によって独占的に建設・管理・運営されていたため、すでにアメリカ「帝国主義」のシンボルへと変貌していた。こうしたアメリカの権力を象徴する日常的な空間で、先住民が立ち上がったのである。

たとえば、一九一九年、先住民少女が巻きこまれた列車死亡事故をきっかけに、数百名にのぼるマサヤ市近郊のモニンボ地区の先住民が、「主権をもつ民衆万歳」、「自由なるニカラグア万歳」などと叫びながらマサヤ市の中心部に向けてデモ行進を行った。[*18] これに数百名の混血系住民が合流することで興奮状態となった群衆は、アメリカ人関係者を襲撃するためにマサヤ駅になだれ込み、これを制止するために派遣された国軍とにらみ合った。その後、駅を離れた群衆はアメリカ人の自宅に押しよせたが、彼らはすでに避難したあとだったため事なきを得、先住民は「民衆は裁くだろう！」と叫びながらモニンボに戻っていったという。[*19]

一九二二年には、ふたたびマサヤ駅で先住民と国軍が対峙した。コーヒーなど一次産品輸出の伸び悩みによる不景気とそれに伴う治安の悪化を受けて、鉄道側が駅全体を取りかこむ柵の設置を決定したところ、駅構内における物品販売で生計を立てていたモニンボの先住民など約一〇〇〇人の周辺住民がこれに抗議して駅を包囲したのである。このときは、国軍とデモ隊の衝突により デモの参加者が一名死亡した。[*20]

レオン市近郊のスティアバ地区でも、同年、幹線道路の封鎖事件が勃発している。[*21] レオン市からポネロヤ海岸へと伸びる道路上で牛車の通行禁止が言い渡されたため、日常的に牛車を利用していた約一〇〇名の先住民はこれに激怒し、武装して道路の一部を占拠したうえ、柵、下水設備、道路の舗装などを破壊した。政府側がこれらの先住民に対して軍事力による強制的排除を検討し始めると、レオン市のリベラル派や保守穏健派の混血市民が先住民に対する支持を表明し、これを反寡頭政治運動と位置づけて次のように語った。[*22]

道路を使用する権利は、ほんのわずかの特権階級のものである。アメリカ帝国主義者は、支配力の乱用を〈進歩〉と呼んでいる。道路は、法的にはスティアバの人びとに属する土地を横切っているが、ほとんどのインディオは、かつては広大な領土だった土地のほんの一片さえも保持していない。レオンの人びとは、スティアバの人びとを劣等人種と見なすような不正義の権力とはけっして連合しないであろう。[*23]

これらの事例から、少なくともモニンボやスティアバのマヤ系先住民は、何らかのかたちで混血民とニカラグア国民意識を共有していたと考えられる。この地の先住民のなかに、のちのニカラグア革命の過程において大衆的な反ソモサ闘争に加勢した者が多いことも、このことを裏書きしている。もちろん、これは都市あるいはその近郊に暮らし、混血民共同体と共存しうる先住民共同体において確認された事例に過ぎない。

たとえば、一九三〇年代の北西部のマドリス県、中西部のマタガルパ県、南西部のリバス県では、土地をめぐって先住民共同体のラディーノに対する抵抗運動が起こっている。また、ヒノテガ、エルビエホ、スティアバでは、土着の宗教的シンボルを撤去しようとした教会に対する先住民の武装蜂起もあった。[*24] とりわけ、道路封鎖事件において混血民に支援されたスティアバの先住民が、その数年後には土着信仰をめぐって教会側の混血民と対立していることは注目に値する。これは、彼らのアイデンティティが「国民」と「民族（エスニシティ）」のあいだの不安定な均衡のうえに成り立っていたことを示唆している。それにもかかわらず、一九年と二一年の事件は、ニカラグア「混血国民」の存在を永遠に不変の「事実」として正当化するための神話として、のちのナショナリストのあいだで語り継がれることになる。ニカラグアはもちろん、ラテンアメリカ全域に多大な影響をもたらすことになる反米ナショナリストのアウグスト＝セサル・サンディーノも、こうした「混血国民」神話に心酔し、それを社会において実現しようと考えていた人物である。

サンディーノは、一八九五年、マサヤ市近郊の小さな町ニキノオモのラディーノ地主とそこで働く農婦のあいだの私生児として生まれた。少年時代、セラヤ派の農民指導者セレドンが処刑された光景を目撃したとき、サンディーノの心に最初の反米感情が燃え上がったとされる。そして、一〇代のなかばから鉱山や商店で働きながら近隣の中米諸国からアメリカを渡り歩いた経験は、社会的弱者の視点を重視するサンディーノの思想を育んだ。とりわけ、メキシコ時代のサンディー

11 「サンディーノは生きている」ポスターに描かれたアウグスト・サンディーノ

ノは、身をもってメキシコ革命を体験しただけでなく、当代のラテンアメリカを代表する思想家たちの考えに触れ、感銘を受けている。地球上の全人種の混血化によって誕生するという「宇宙的人種」論など独特の人種・民族・文明論を提唱したホセ・バスコンセロスや、反アメリカ帝国主義・パナマ運河のアメリカからの解放・中南米全土の政治的統一・世界の被抑圧民族や階級の連帯を主張したペルー出身のビクトル・アヤ＝デ＝ラ＝トーレの議論は、とくにサンディーノを知的に刺激したようである。[*25]

帰国したサンディーノは、一九二六年、先住民をふくむ貧農を主力とするニカラグア国民主権防衛軍を結成する。かれは、ヌエバセゴビア山中に解放自治区を設置し、兵器・兵士数ともに圧倒的に有利なアメリカ―ニカラグア政府軍を敵に回しながらも、巧妙なゲリラ戦法でこれを苦しめ、アメリカ軍の撤兵を絶対条件として最後まで譲歩しなかった。やがて、サンディーノ将軍はラテンアメリカ全体を代表する反米民族主義の「英雄」と見なされ、「レヒオナル」との関係も深いエルサルバドル共産党代表のファラブンド・マルティやホンジュラス労働組合運動を統率した詩人のフロイラン・トゥルシオスなど著名な知識人や運動家が、義勇兵としてこの戦いに手を貸した（マルティとトゥルシオスは、それぞれ参謀、外交・資金調達役として、サンディーノ軍組織の中核を担った）。

苦境に立たされたアメリカは、三二年、ついに軍事撤退を開始し、ニカラグア人の手による大統領選挙の実施を約束して、サンディーノ軍との和平交渉を進めた。その後、世界大恐慌の克服を第一目標とするフランクリン・ローズヴェルト大統領は、一見すると穏健的な「善隣外交」を展開したが、これによってアメリカがニカラグア支配を諦めたわけではなく、親米的な国家警備隊長官のアナスタシオ・ソモサを介した間接統治へ移行することが本当の狙いであった。三五年、選挙によって誕生した新しいニカラグア政府と和平協定をむすび、部分的な武装解除を行ったサンディーノは、ソモサの命を受けた国警隊のだまし討ちにあい、暗殺されてしまうのである。

サンディーノ軍は、小国の貧農ゲリラ組織が強大なアメリカ軍と戦えることを実践して見せることにより、他国の反米・民族（国民）自決運動に多大な影響をもたらした。たとえば、パナマにおいても、それ以前の親米的な寡頭政治家に代わって反米ナショナリストのアリアス兄弟が政権をにぎり、運河地帯における主権や関税自主権がパナマに属することなどを確認した新条約(ハル=アルファロ条約、一九三六年)をF・ローズヴェルト政権と締結した。パナマがアメリカ支配から脱し、運河地帯を奪回する第一歩となったこの条約調印の背景には、アメリカのサンディーノ軍に対する苦戦があった。[*26]

のちにキューバ革命の成功で時代の寵児となるチェ・ゲバラも、自著において強大な敵に対するゲリラ戦術の有効性を強調したうえで、サンディーノのゲリラ戦争とキューバ革命をラテンアメリカ反帝民族解放史の文脈でとらえ、サンディーノを高く評価している。[*27]

2 サンディーノの思想と「混血国民」概念

サンディーノの闘争は、社会階級としての貧農の救済を重要な目的としていた。知人に宛てた手紙のなかで、「搾取される階級と貧困によって苦しめられているすべての人間にとっての生活と文化」を取り戻すと明言しているように、サンディーノは、同時代の多くの政治家や運動家と同様に階級闘争の論理を受け入れていた。[*28] 彼がスペインの組合運動にならって「自由か死か」を意味する赤・黒の軍旗を採用したことも、山岳農村部に反米闘争と農民救済のための拠点を設置しようと試みたことも、そのことを示唆している。貧農を自軍に迎えたサンディーノは、コーヒー大農経営に反発し、富農からの徴税や農民協同組合の組織化を実行するなど、大土地所有者にとって圧倒的に有利な既存の社会経済秩序に新風を吹きこんだ。[*29]

しかしながら、サンディーノ自身はけっして共産主義者ではなく、資本主義そのものを批判することもなければ、共産主義的な革命も望まなかった。サンディーノを支援していたラテンアメリカ諸国の共産党が、やがて彼の戦いを単なる統一戦線と判断し、支援を打ち切ったのはそのためだと考えられる。[*30] サンディーノは、アメリカに対する抵抗運動を有利に展開するためにはどのような勢力とも柔軟に連帯したものの、本質的には「混血国民」概念に立脚した筋金入りの反米ナショナリストであった。その証拠にサンディーノは、「国民の尊厳と祖国の主権を守るために戦い、「国民の尊厳と主権」という大義のためには自己犠牲も厭わない決意について繰り返し語っている。[*31]

また、サンディーノはアメリカへの憎悪をあらわにし、この大国を「帝国主義者」、「ヤンキー」、「侵略者」、「海賊」などと痛烈に批判した。彼は、ニカラグア人はもともと「温かく、正直で、働き者であり、良い慣習を持つ」にも関わらず、「北アメリカの帝国主義が私たちの愛すべきニカラグアにドルの害悪を持ち込み、それが年々遠慮なく政治家集団を退廃させ、道徳的環境を汚染」したために堕落したのだと認識していた。[*32] すなわち、アメリカを自国から追放することは、サンディーノにとってニカラグア国民の主権と「国民」文化を回復することに他ならなかったのである。

サンディーノ思想の根幹にかかわる「混血国民」（サンディーノは「インド=イスパノ国民」と表現）概念には、やはりミスキート族の故郷である大西洋海岸地方が含まれた。これは、セラヤの国民形成計画の影響を受けた結果であると言えるが、セラヤがミスキート族を「上から」強制的に国民国家の枠組へ押しこむ方策をとったのに対して、サンディーノは彼らの置かれている厳しい生活状況を問題視し、その向上を伴った「国民」国家を標榜した点で異なっている。このサンディーノの先住民に対する「友愛」は、のちのニカラグアに広まるサンディーノ英雄伝のなかで誇張されることになる。

だが、先住民と向き合うサンディーノの姿勢は、実際には地域の歴史に根ざした先住民アイデンティティや自治を尊重するものではなかった。やはり先住民は、「白色化」を前提とした「混血国民」概念に回収されるべき存在だったのである。[*33] たとえば、サンディーノは、あるバスク人記者の前に先住民を連れだし、順番に英語、ミスキート語、スペイン語で話をさせ、次のように説明した。

さぁ、もうあなたたちは彼らが確かに知的だということがわかっただろう。それにもかかわらず、彼らは見捨てられ続けてきた。一〇万人ほどのインディオが、コミュニケーションも学校もなく、政府から何も与えられていないのだ。そういう場所にこそ、私は彼らを向上させ、真の人間にするための植民を実現したいのだ。[*34]

この発言からは二つの意味が読みとれる。一方で、サンディーノは先住民の知性を明示し、混血民と何ら変わらないニカラグア「国民」であると証明しようとしている。だが他方で、サンディーノが先住民のスペイン語能力を披露しつつ、彼らを「向上させ、真の人間にする」と訴えるとき、そこには先住民の「後進性（近代化される必要性）」を暗黙のうちに認める歴史・文化認識が垣間見られる。後者の点からすると、サンディーノは、同時代の「リベラル」政治家や知識人の先住民観と大差がなかったと言える。

それにもかかわらず、サンルカス・テルパネカ・ヒノテガなどの先住民はサンディーノを支援した。彼らがサンディーノを「国民」的英雄と見なしたかどうかは判然としない。また、サンディーノ軍がイギリスやアメリカを模倣し、ミスキート語を話す土着のリーダーたちを介して共同体の人びとに接近したことが、ミスキート側の友好的態度を引き出す要因になったことは間違いない。[*35]
加えて、アメリカ企業の著しい凋落によって困窮をきわめた沿岸部や、婦女暴行事件が続発したアメリカ海兵隊宿営地の周辺地域から、サンディーノ軍に合流する先住民もいた。ただし、これらの先住民は、現地でアメリカのスパイと見なされたモラヴィア教会使節の処刑事件を機に、サンディーノ軍から離反していくことになる。[*36]

それ以外の地域で暮らす先住民の大部分は、サンディーノ側にもアメリカ―ニカラグア政府側にも立っていなかった。彼らは両軍の対立を利用しようと考えていたため、戦闘の混乱に乗じてコーヒー農園が不法占拠される事件が相ついだほどである。[*37]少なくともこれらの先住民たちは、サンディーノの抵抗運動に「国民」的情熱を感じてはいなかった。

それでもサンディーノは、死ぬまで先住民をニカラグア「混血国民」の源流と見なし続けていた。たとえば、次のように印象的な一節が残されている。

私はニカラグア人であり、それを誇りに思っている。なぜならば、私の体をめぐる血管の中に、何よりもまず、インディオの血があり、その血には先祖返りによって愛国的で、忠誠心があり、誠実であるという神秘が含まれているのである。[*38]

サンディーノにとって重要だったのは、ニカラグア人を「混血国民」たらしめている先住民の「愛国的」で「忠誠心」に満ちた「神秘の血」なのであって、独自の習慣や文化を維持して生きる先住民自身やその自治ではなかった。この「混血国民」像は多分に抽象的な概念であり、現実

には スペイン語の運用能力が先住民と白人・混血民とを結びつける唯一の分かりやすい「共通文化」であった。サンディーノにとっては、先住民がスペイン語を話し、自分とともにアメリカ側との戦いに参加していることこそが、「混血国民」概念の歴史的正当性を確認することだったのである。[*39]

さらにサンディーノは、この「混血国民」概念を中米諸国や全ラテンアメリカ地域に適用していく。これは、ボリーバルの中南米統合構想、セラヤの中米統一運動、バスコンセロスやアヤ=デ=ラ=トーレの思想、共産主義者や労働組合の運動に見られた国際主義の影響を受けた結果であろう。彼はとくにボリーバルを意識しており、「ボリーバルの究極の夢を実現する計画」のなかで、中南米二一ヵ国を統合する連邦国家の建設を提言したこともある。[*40] サンディーノは、ニカラグア「国民」意識を基盤としながら、同時に中南米諸国間の同胞意識も高め、団結してアメリカに対抗しようとしたのである。

国際的な名声とは裏腹に、ニカラグア国内では、サンディーノ軍に関する情報が大衆紙において肯定的に取り上げられることは少なかった。サンディーノの暗殺も、「セゴビア地域を襲った盗賊」の国警隊による退治であると伝えられている。[*41] このような状況下では、サンディーノが国民的英雄として広くニカラグア人に認知されるはずもなかった。多くのニカラグア人は、存命中のサンディーノ自身の言葉や行動というよりは、暗殺後に執筆された様々な英雄伝を通じてサンディーノについて知るのである。

サンディーノ死後のニカラグアは、さらなるイバラの道を歩んだ。全権を掌握したソモサとその一族は、アメリカの支援を受けつつ、ニカラグア革命によって追放されるまで四五年にわたって恐怖政治をしいた。そして、私的な目的のために国家予算を流用し、麻薬や売春などの非合法組織も統轄しながら、ソモサ一族は私腹を肥やしたのである。多くのニカラグア市民は圧政のもとで精神的、物質的に困窮した生活を強いられるが、やがてこの状況に対する民衆の不満のなかから、サンディニスタ（サンディーノ主義者）の抵抗運動が始まることになる。

アメリカと結託した寡頭政治体制に抵抗して起こった「下から」の民衆運動が力によってねじ伏せられ、より強力な軍事独裁政権が誕生するという歴史的現象は、ニカラグアだけでなく、世界恐慌後の中米全域で見られた。この傾向は第二次世界大戦後の冷戦期においていっそう加速化し、アメリカは国内外で「共産主義者」叩きに血道をあげ、中米・カリブ諸国の反共的独裁者を支援する姿勢を明確にしていく。

たとえば、グアテマラでは、一九二〇年代後半に自由と権利を求める民衆運動が高まり、労働党や共産党の活動、またサンカルロス大学や師範学校における学生運動が活発化した。しかし、ウビコ独裁体制のもとで、共産党や労働組合は解体され、学校は自治を失い、反政府運動は力で粉砕された。[*42] ウビコは、表面的には先住民に理解のある態度を示し、もはや「グアテマラに先住民問題はない」としたが、実際には先住民を「野獣の群れから引き出して、人間の家族のなかに入れる」べき存在と規定していた。[*43]

エルサルバドルでは、中米でもっとも組織的な民衆運動のもとで労働党政権が誕生し、寡頭政治体制の瓦解も時間の問題であるかと思われた。だが、この政権は、反共的なマキシミリアーノ・エルナンデス＝マルティネス将軍（在三一—四四年）の軍事クーデタによって、一年もたずに崩壊してしまう。これに対して、かつてサンディーノ軍の参謀を務めたマルティ率いる共産党は急進派労働組織と武装蜂起を計画し、これにコーヒー農園地帯の先住民貧農が呼応して大反乱となった。その結果、反乱に加わった三万にのぼる人命が、国軍によって無惨に奪われることになった。[*44] その後のエルナンデスは、虐殺した先住民にかんする書類をすべて処分し、何事もなかったようにメキシコで開催された第一回米州インディヘニスモ会議に使節を送り、先住民の権利にかんする討議に参加させたのである。

ホンジュラスでも、ユナイテッド・フルーツ社と結んだティブルシオ・カリアス大統領（在三二—四八年）によってエストラーダやウビコを模倣した独裁政治が行われ、コスタリカでは、いわゆる独裁はなかったものの、恒常化する不況のなかでやはり反リベラル運動が活発化し、ついには二〇〇〇〜四〇〇〇〇名の死者をのこす内戦（四八年）が勃発した。

こうした時代におけるサンディーノの死は、軍事独裁からの解放を求める中米の人びとの目には、まさに最後に残された希望の灯火が吹き消されたかのように見えたことであろう。

四――「国民革命」と抵抗する先住民

1 サンディーノからサンディニスタへ

ソモサ一族支配が長期化するなかで、サンディーノの戦いをモデルにしながらこれに徹底抗戦したのが、のちにニカラグア革命の推進力となるサンディニスタ民族解放戦線（略称ＦＳＬＮ。一九六一年結成）である。この武装組織は、ゲリラ戦によってアメリカの傀儡であったバティスタ独裁政権を追放し、社会主義政権を実現したキューバ革命の影響を強くうけながら、サンディーノを反独裁・反帝国主義・国民統合のシンボルとする新国家の建設のための大衆闘争を呼びかけた。[45] その中軸を担い、「国民的英雄」としてのサンディーノ像を流布させたのが、この組織を創設したカルロス・フォンセカである。

フォンセカは、ソモサ家所有の農牧地管理者の父とその女中のあいだの私生児として、マタガルパに生まれた。高校生のときにマルクスの著作に熱中し、反ソモサ学生運動を組織した筋金入りのマルクス主義者であった。大学生のとき、彼はモスクワで開催された「世界若者の祭典」にニカラグア代表として参加し、帰国後、ソ連型の社会主義国家をニカラグア人が目指すべき国家モデルとした。しかし、同時にフォンセカは、サンディニスタ組織がニカラグア民衆の支持を獲得するためには標準的なマルクス=レーニン主義理論や戦略では不十分であり、土着文化・宗教・ナショナリズムと密接にかかわる象徴が必要だと考える現実主義者でもあった。[46] こうしてフォンセカは、国民統合のシンボルとして「国民的英雄」としてのサンディーノ像を創出するために尽力した。

12　カルロス・フォンセカ

まず、フォンセカは、サンディーノを「ヤンキー帝国主義に対する（南米—小澤）大陸の伝統的抵抗のシンボル」、あるいは「ラテンアメリカ人民の愛国的反逆を代表するイメージとなったニカラグアの英雄」など、世界中の革命家に影響を与えた人物と位置づけた。[*47] ここで注目すべきは、フォンセカのサンディーノ英雄伝のなかで、反米帝国主義やナショナリズムといった実際のサンディーノの思想的特色に加え、サンディーノには見られなかった社会主義「革命」のイメージが付与されていることである。このことは、サンディーノにおいては「自由か死か」を意味した赤黒の二色旗が、サンディニスタにおいては「革命か死か」を意味するようになったことに象徴される。

「混血国民」意識に貫かれたサンディーノは、レーニン的な「国家の死滅」を信奉する革命家たちと根本的には相いれなかったし、マルクス主義イデオロギーを受容することもなかった。それにもかかわらず、フォンセカは、サンディーノを「農民出身の労働者」であり、「プロレタリアート出身の英雄」であると読者に印象づけた。[*48] また、サンディーノは、「国民の独立を実現するために、武装闘争の決定的な役割について明確な意識を持って」いた「永遠に非合法の国民的英雄」であり、「疲れ知らずの愛国的で革命的なエネルギー」を持ったカリスマとして描かれた。[*49] さらにフォンセカは、サンディニスタこそがこうした偉大なる「国民的英雄」サンディーノの意志を引きつぐ組織だとし、「国家警備隊に対する人民のゲリラ戦争は、愛国者サンディーノが国民主権防衛軍と共におこなっていた国家警備軍やヤンキー侵略者に対する闘争の継続なのである」と述べている。[*50]

このように、フォンセカは、「国民的英雄」サンディーノの姿を人びとの意識に刷りこみ、その過程で歴史的事実についてある種の誇張や捏造を行って、革命こそがその「国民史」上の結実点であると読者に印象づけようとした。その著作は、史料に準じて著されたサンディーノの伝記に「国民革命」神話を加味したものであった。対ソモサ闘争で苦戦していたフォンセカは、こうした一種の神話を通じてサンディニスタの戦いを社会的に正当化し、支持者を拡大しようとしていたのである。

フォンセカが、サンディーノとサンディニスタの歴史的連続性を前提とした「ナショナリズム＝革命主義」の構図を補完するため、マルクス主義とカトリックの共存イメージを作り上げようとしていたことも、心にとめておく必要がある。フォンセカは、「マルクス主義の信条は、ニカラグア民衆の宗教的信心に対する尊敬を拒否するものではない」、「サンディニスタ戦線においては、本当の革命家たちと本当のキリスト教徒の間の統合が土台をなしている」と繰り返し主張している。[*51] 全人口の八〇％以上がカトリック信者であるニカラグアにおいて、こうした言説がサンディニスタの戦いをより広範な「国民」に浸透させる役割を果たしたことは疑いない。

こうしたフォンセカの「国民革命」論における先住民のありようは、サンディーノの「混血国民」概念をいしずえにしていた。たとえば、植民地時代のスペインを批判したうえで、フォンセカは、「コロンブスがアメリカ大陸へ漂着して以来、スペイン人、ポルトガル人、そして、イギリス人が（土着の――小澤）アメリカ人の肉体を白色化した」ことや、「スペインが宗教、言語、白い肌をアメリカに持ちこみ、ヨーロッパに金を持ちさった」ことなど、先住民を踏みにじった「白人」を非難する。[*52] これはサンディーノの言う「インド＝イスパノ」国民が形成された歴史を批判的視点から描写したものであるが、フォンセカがそこからもう一歩踏みだして歴史的主体としての先住民について熟考するには至らなかった。

たとえば、一九世紀末のマタガルパにおける民衆反乱に言及したフォンセカは、「彼らは先住民ではなく、スペイン語で自己表現し、人種的には先住民起源が優勢であることを示してはいるが、すでに彼らの土着言語で語らないメスティーソ農民」であるとした。そして、この反乱はのちに「サンディーノが統率する素晴らしいゲリラ戦の前身として注目すべき」だとし、この地からサンディーノのシンパが多く出現したと称賛している。[*53] フォンセカがこの反乱の参加者を「混血」だと断定する根拠はサンディーノと同様にスペイン語の使用にあり、この点でも両者の「混血国民」概念の連続性が見てとれる。

ところが、近年の研究によれば、この頃のマタガルパには多くの先住民が集住していたことが分かってきた。彼らのなかには、混血民の目を気にして伝統的な衣装を脱ぎ、土着言語の使用を控え、就職のためにスペイン語を習得する者も少なくなかったという。地方農村社会がコーヒーや綿花などの資本主義経済の波に呑まれ、先住民たちはその新しい環境で生活せざるを得なかったからである。この傾向は、先住民に対する国家暴力が顕著な一九三〇年代以降のグアテマラやエルサルバドルではいっそう強く見られる。先住民としてのアイデンティティを捨てたわけではないが、その多くは日々の生活のためにみずからの民族言語や衣装を封印し、「国民」の皮をかぶって混血民群衆のなかに紛れこんでいた。[*54]

一九六〇年代の中米全体を見わたすと、肥料の使用などによる農業生産力の向上、中米五ヵ国間の自由交易や相互援助などを定めた共同市場の確立、アメリカの積極的な投資により、なかにはブルジョワ化した先住民も存在した。しかし、先住民全体を見ると土地所有の割合はむしろ低下しており、なかにはより過激な手段で改革を求める者も現れた。これに対して、キューバ革命後のアメリカは、中南米における共産主義勢力の拡大を恐れ、先住民に対する各国の反共的「近代化」政策を積極的に支援した。また、各国の極右集団も、国家に要求を突きつけるいかなる民衆運動組織（労働者、貧困者、農民、先住民、知識人）のリーダーも「共産主義者」と見なして襲撃をくり返した。[*55]先住民アインデンティティを主張する者も、当然のごとく「共産主義者」と見なされたのである。

フォンセカは、中米の先住民たちが置かれていたこの微妙な情況や歴史に対して、十分な理解を示さなかった。一九六九年のサンディニスタ綱領において、彼はミスキート族など先住民が居住する「見捨てられ無視されてきた大西洋岸地区を国の生活に統合する」計画も打ち出したが、その内容は「後進的」な先住民の「近代化」を前提とするなど、国民統合を前提とする典型的なインディヘニスモに立脚していた。[*56] 結局、フォンセカはサンディーノ的な「混血国民」概念を発展的に継承するには至らなかったのである。

フォンセカは、神聖化された「国民革命」のシンボルであるサンディーノを利用しながら、サンディニスタとそのゲリラ闘争の支持層を拡大した。ところが、フォンセカ個人は最後の一線でつねにマルクス=レーニン主義の理想に忠実であったため、必ずしも広範な大衆の支持を得ることはできなかった。七六年にフォンセカは国警隊に殺害され、サンディニスタは分裂の危機に瀕したが、キューバのカストロ議長のとりなしもあって、ダニエル・オルテガ率いる穏健派がこの組織を再統合した。このとき、オルテガが共産主義イデオロギーにこだわらない柔軟な国民統一戦線戦略に転じたことにより、ようやくブルジョワ出身者やカトリック信者とのあいだに国民統一戦線の可能性が高まったのである。

この頃になると、ソモサの行き過ぎた独裁は、体制内部の保守派からも批判されるようになっていた。七二年にニカラグアを襲ったマナグア大地震の際、世界中から善意で届けられた援助物資や資金をソモサが流用したことが発端となり、大衆紙『プレンサ』のペドロ゠ホアキン・チャモロを代表とする民主解放同盟が反政府運動を展開し、保守派の内部に亀裂が生じた。また、同じころ、「解放の神学」（貧者や被抑圧者の解放を通じて階級・人種・性など様々な社会的差別から神学を解き放ち、教会内部の権威主義的な権力構造や教条主義からの解放を実現するために社会的弱者を主体とした新しい教会の建設を目指そうとする思想・哲学）の影響を受け、草の根で貧者やホームレスの救済に従事していた聖職者のあいだにも、ソモサ政権の腐敗に対する憎悪の炎が立ちのぼった。[*57] こうした反独裁運動は、ソモサ派によるチャモロの暗殺（七八年）により頂点に達する。

他方で、長年ソモサの「お目付役」であったアメリカでは、ヴェトナム戦争やウォーター・ゲート事件などに起因する国際的威信の低下をうけて、ジミー・カーターが大統領に就任した。その「人権外交」と称される穏健的な対外政策のため、ソモサなど親米派の独裁者たちは、それ以前のようにアメリカの恩寵にあずかれなくなった。パナマの反米ナショナリスト政治家であるオマール・トリホス大統領が、カーター政権とのあいだでパナマ運河および運河地帯のパナマへの完全返還を約する新運河条約（七七年）の締結に成功したことは、まさにこうしたアメリカ外交の大転換を時代背景としていた。こうした国内外の変化のなかで、ニカラグアの反ソモサ諸勢力は、もっとも実質的な攻撃力を備える「開かれた」サンディニスタ組織のもとに集結していったのである。

2 ニカラグア革命とミスキート

一九七九年七月一九日、サンディニスタを中心とする国民統一戦線はついに首都マナグアを陥落させ、ソモサ一族を国外へ追放した。死亡者四〜五万人、亡命者一二万人、家屋喪失者六〇万人、資産破壊四億七〇〇〇万ドルという凄まじい内戦の末、ついにニカラグア革命が達成されたのである。このニュースは瞬く間に世界を駆けめぐり、この中米の小国は一躍世界から注目を集めた。同じように独裁者や大国の支配に苦しんでいた途上国の人びとのなかには、この歴史的事件に自らの夢と希望を重ね合わせる者さえいた。

勝利したサンディニスタは、多元主義・混合経済・非同盟の三原則を基盤とする革命政権を発足させ、早々にソモサ一派の資産（国内総生産の三五パーセント以上に相当）の接収や国警隊の解体とサンディニスタ戦闘員を中心とする国民軍の創設したうえで、農地改革・銀行国有化・貧困者など新しい国民国家づくりのための諸政策に着手した（大土地所有の解体、識字教育の徹底、最貧者への食料配給などは、一定の成功を収めた）[*58]。サンディニスタ代表のダニエル・オルテガが革命評議会議長（八四年の国民選挙で大統領）に就任したほか、外務大臣や文化大臣などの重職をそれぞれミゲル・デスコトやエルネスト・カルデナル（詩人としても有名で、無学の農民たちとキリスト教にもとづく共同生活を送り、その詩や絵画の能力を開花させたことで世界的に注目された）のような「解放の神学」の聖職者、またのちの副大統領に元ソモサ派の作家セルヒオ・

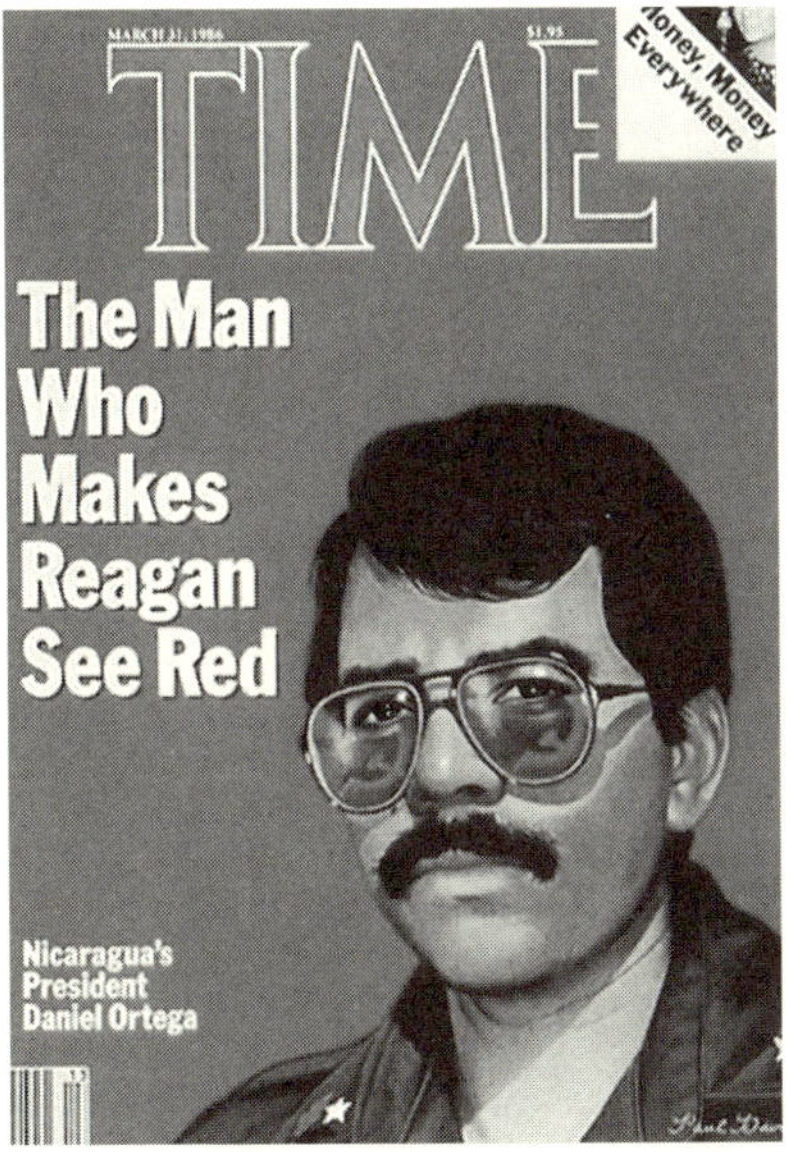

13　『TIME』誌（1986年３月31日）の表紙を飾ったダニエル・オルテガ

ラミレスが就任するなど、その閣僚の多彩さも国際的な関心を呼んだ。

革命前後のサンディニスタの戦いは、とくに近隣諸国に多大な影響をもたらした。七四年には初めてのマヤ系国会議員が誕生するなど、グアテマラ先住民のなかにも自らの手で国政を変えようとする気運が高まった。そして、死者三万人、ホームレス一〇〇万人の被害を残す大地震（七六年）をきっかけに、グアテマラの貧しい労働者や農民の反政府感情が沸点に達し、農村部を中心にサンディニスタさながらのゲリラ戦が頻発した。自治を要求する先住民の多くは反政府左派ゲリラに近かったが、様々な政治的判断によって国軍と手を組む先住民共同体も存在するなど状況は混沌とした。

また、民主派市民や軍部左派のたび重なる改革運動が失敗に終わったエルサルバドルでは、「解放の神学」に従って貧者の救済を積極的に呼びかけたロメロ大司教やボランティア活動中のアメリカ人尼僧たちが惨殺されるなど極右勢力によるテロリズムの嵐が吹き荒れ、これに応戦する極左武装組織とのあいだで血なまぐさい内戦が始まった。七九～九〇年のあいだに七万五〇〇〇人もの死者を残したこの内戦の凄惨さは、オリバー・ストーン監督のアメリカ映画『サルバドル――遙かなる日々』の題材になったほどである。この内戦の過程で、左翼ゲリラ諸組織は、サンディニスタに続けとばかりにファラブンド・マルティ民族解放戦線（ＦＭＬＮ）を結成（八〇年）し、反政府ゲリラ闘争の中核を担った。こうして、かつて朋友として共闘したサンディーノとマルティが、ふたたび革命のシンボルとして歴史の舞台に並びたつことになったのである。

こうした中米諸国の動きに対して、反共主義者で「強いアメリカ」の復活を目指した強硬派のロナルド・レーガン大統領は、中米における左翼ゲリラ組織の台頭や政局不安の責任を「ソ連やキューバに操られて共産化したサンディニスタ政権」にあると決めつけた。その影響で次々と周辺諸国も共産化するという「ドミノ理論」を掲げつつ、レーガンは中米諸国の政治に深々と介入していく（この対外強硬路線は、つぎのジョージ・ブッシュ〈父〉大統領にも継承される）。また、挑発的な反米政権に対しても、アメリカはラテンアメリカにおける自国の覇権を誇示するため、容赦なくこれを叩きのめした。グレナダやパナマへの軍事侵攻は、まさしくこの時期のアメリカの強硬姿勢を象徴している。

一方でグアテマラやエルサルバドルの反共的な軍部右派に対して多額の支援金や武器を注ぎこみながら、レーガンはニカラグア革命政権の打倒のために様々な圧力をかけた。旧ソモサ派の残党を中心とする反革命軍事勢力（コントラ）をホンジュラスやコスタリカの国境線から送りこみ、西欧の同盟諸国に呼びかけて対ニカラグア経済制裁（七九〜八六年に西側からニカラグアに対してなされた経済支援はわずか六億ドル）を発動するなどの揺さぶりをかけて、アメリカはサンディニスタ政権に厳しい国家運営を強いた。[*59] このことは、サンディニスタ政権の掲げた国政改革が、大土地所有の解体や識字教育における限定的な効果に止まらざるを得なかった大きな理由の一つである。アメリカ側の圧力こそが、逆にサンディニスタたちをいっそうソ連やキューバに接近させ、「三原則」に見られた柔軟な政治的多元主義から厳格で教条主義的な社会主義へ向かわせることになる。

アメリカとは反対に、サンディニスタを「マルクス＝レーニン主義者」と見なしていたソ連のブレジネフ書記長は、「資本主義陣営の攻撃から守る」ため、ニカラグアへの資金・武器の援助を惜しまなかった。七九〜八二年にソ連からニカラグアに持ちこまれた武器の総額は、八〇〇万ドルにのぼるとも言われている。*60 こうして、長い内戦で疲弊していたニカラグアはまたもや米ソ東西冷戦の最前線と化してしまい、サンディーノの時代よりさらに強大化したアメリカと全面対決することになった。この煽りをうけて、中米全域で政治的混迷が深まり、俗に「中米危機」と呼ばれる危険な社会状況に陥った。

この状況を見かねたパナマ・コロンビア・ベネズエラ・メキシコの四ヵ国はコンタドーラ・グループを結成（八三年）し、中米紛争を東西対立の文脈で捉えるのではなく、関係国同士のみの対話と交渉による問題解決を求めた。コンタドーラ・グループは、中米危機の平和的・政治的解決を目指しつつ、同時に米ソなど大国の喉元に民族（国民）自決や内政不干渉のメッセージを突きつけたのである。この組織によって提示された中米和平案は、アメリカと中米諸国内の親米政治家の圧力のため、すぐに実を結ぶことはなかった。だが、その民主主義的なメッセージは、他のラテンアメリカ諸国や日本をふくむ諸外国からも幅広く支持され、のちの中米諸国自身による中米和平の政治的合意（八七年。「グアテマラ合意」あるいは「エスキプラスⅡ」）の道筋をつけたという点で意義がある。[*61]

ただし、中米危機の沈静化にもかかわらず、ニカラグア経済が劇的に好転することはなかった。経済制裁は、確実にサンディニスタ政権を打ち据えていたのである。サンディニスタ側も、アメリカに批判的なヨーロッパ諸国との商業関係の強化や、日本との提携によるニカラグア運河建設計画の復活を検討したが、どちらも具体的な政策の立ち上がりに結びつかなかった。[*62] そして、最大の支援国であったソ連がペレストロイカの影響で対ニカラグア支援を急激に切りつめると、サンディニスタの財政状況はますます悪化していくことになる。コントラからの攻撃がこれに対抗するサンディニスタ側の軍事費増大を招いたことも、大きな痛手となった。さらに、サンディニスタがコントラ対策として徴兵制を採用したことは、子を持つ女性を中心とする市民や軍国主義を嫌悪するローマ＝カトリック教会からの反発を買い、彼らのサンディニスタからの離反を招いた。[*63]

とくに、ローマ＝カトリック教会は、宗教的活動が政治的・商業的目的を持ち、反革命の目的のために利用された場合、サンディニスタ政府が「人びとと革命を保護する権利」に基づいてこれに介入できるとする法規を、信教の自由を侵害するものとして非難していた。現実に何人もの聖職者たちが反革命的であるとして国外追放処分とされたことは、この問題をさらに深刻化していた。[*64] 加えて、「私はキリストと福音書によってマルクス主義になった。マルクスではなく、福音書を読んでマルクス主義に到達した」と公言するカルデナルらに対しても、バチカンは憤りをあらわにしていた。[*65]

八二年には、かつて反ソモサ闘争の一翼を担った『プレンサ』紙も反サンディニスタに転じ、この状況を「かつてスペイン人はインディオの神の像を聖母マリア像にすりかえた。今また、サンディニスタは、巧みにキリストをマルクスにすりかえつつある」と皮肉たっぷりに批判している。[*66] ローマ教会と革命派の人民教会の対立はこじれ、八三年にマナグアを訪れた教皇ヨハネ・パウロ二世が演壇で人民教会を否定したさい、カトリック系の聴衆たちから教皇に対する批判の叫び声があがるという前代未聞の事件において緊張の頂点を迎えた。学生の約三〇パーセントがローマ=カトリック系学校に通っていたために教育現場での混乱も著しく、人びとは人民教会あるいはローマ教会の支持をめぐって宗教的に分裂した。[*67] こうした混乱のすえ、八五年、ついに教皇はサンディニスタ政権に入閣したすべての聖職者に職務停止を命じたのである。

ソ連やキューバへの急速な接近も、サンディニスタに協力してきた中間層や反共主義者の政権からの離反に拍車をかけた。民間セクターを代表する富裕な企業家であり、強い政治的影響力を有していたエンリケ・ドレフュスが吐露したように、もともと「民間セクターは、社会革命ではなく、国民的武装蜂起を支持した」のであって、つねにサンディニスタの潜在的な共産主義を警戒していたからである。[*68] このように、サンディニスタ政権は内部分裂の危機に瀕していたのである。

この問題を解決するためにサンディニスタは、歴史的に紡がれたサンディニスモ、キューバにならった反帝国主義的社会主義、人民教会を基盤とする草の根キリスト教主義を縫合した「国民革命」文化の神聖さをさらに強調した。同時に革命の殉死者たちも英雄化しながら過去の集団記憶を創りあげ、革命政権期の国民アイデンティティにふたたび統合的エネルギーを吹き込もうとした。サンディニスタ系新聞で高らかに謳われたように、「革命はサンディーノの勝利であり、カルロス（フォンセカ――小澤）の血の勝利であり、英雄たちと殉国者たちの勝利である」とする革命史観や文化を普及しようとしたのである。[*69] こうした方針のもとで、「革命のプロセスと関わりのない文化は許さない」という気運が高まり、革命以前の歴史や文化はすべて革命を正当化する視点から書き換えられることになった。[*70]

このとき、ふたたび重要な問題として浮上したのは、アメリカと密接な関係にあるミスキート族に対する対応である。サンディニスタ政権は、ミスキートに対する福利・厚生制度を充実させる一方で、「国民革命」思想や文化を浸透させ、アメリカの影響力をこの地から排除しようと考えていた。革命直後、オルテガは大西洋海岸地帯をサンディニスタ政権を頂点とする新国家組織に組みこむことを宣言し、ミスキート族などの土着民によるサンディニスタ政権への協力・受け入れ組織であるミスラサータの結成を急いだ。[*71]

ところが、ミスキートは、自分たちの居住地域に軍隊を展開し、伝統的に使用してきた土地や自然資源を「国有化」し、スペイン語による「民主的な革命教育」を強いるサンディニスタに対して、すぐに反感を募らせた。ミスキートの土地や共同体に対する認識は、近代的な地図概念によって区切られる国民国家を前提とした国境線とは無縁であり、ベリーズからパナマまでを自分たちの土地だと信じる者もいた。したがって、サンディニスタによる土地の「国有化」政策は、多くのミスキートにとって理解不能であり、単なる土地の横領でしかなかった。[*72] また、スペイン語の強制が、自立心の強い彼らにとって屈辱であったことは言うまでもない。これにより、もともと「アングロ・サクソンびいき」のミスキートはふたたびアメリカに接近し、ミスラサータもしだいに反サンディニスタの牙城へと変身していった。なかには、かつてアメリカ企業と土地や賃金などをめぐって対峙した者もいたが、それでもミスキートはアメリカ人との「友情」を捨てなかったのである。

八一年、ミスキートの自治と領土保全を要求して反政府活動を繰り返したミスラサータ代表のステッドマン・ファゴス（ブルーフィールズのモラヴィア教会牧師）らを反革命分子と断定したサンディニスタ政権は、彼らを逮捕するためにミスキートにとって神聖無比なモラヴィア教会に軍隊を送り、複数の死者を出してしまう。[*73] これを機にミスキート側の反サンディニスタ感情は爆発し、ミスキートのリーダーたちはコントラ軍へ合流していった。こうして大西洋海岸地帯は、「国民革命」を防衛しようとするサンディニスタと「民族の自治」を守ろうとするミスキートの衝突する戦場と化したのである。この混乱を収拾するため、サンディニスタはココ川沿いにあった一六のミスキート共同体を政府指定の場所に強制移住させたが、これは事態をさらに悪化させることになる。[*74] この一連の事件は、サンディニスタの先住民に対する「人権蹂躙」として、国際的な批判を浴びることにもなった。

ミスキートとの関係を改善するため、オルテガは何度もみずからの政策を見なおし、ときには自己批判さえ行ったが、サンディニスタとミスキートは言語・信仰・自然資源の利用の問題でなかなか折り合いがつかなかった。だが、八五年、譲歩したオルテガが大西洋海岸地帯出身の知識人やリーダーを招いて国民自治委員会を結成し、ミスキートに停戦を呼びかけたことで、ようやくこの問題を政治的に解決する糸口が見つかった。そして八七年には、「ニカラグア国民国家」

の枠内におけるミスキートの自治が法的に承認され、この問題にかんする一応の政治的決着はなされた。とは言え、長い歴史のなかで定着したスペイン系住民とミスキートの相互不信は、これによって払拭されたとは言いがたい。

じっさい、この自治法成立の前後にサンディベイ・シルピのミスキート共同体を対象に行われた意識調査の結果は、彼らのスペイン系ニカラグア人への容易に消し去ることができない憎悪や不信感を浮き彫りにしている。この調査は、おもに（一）「アングロ・サクソンびいき」の現実、（二）自らの軍事行動を支えるアイデンティティ、（三）ニカラグア革命に対する認識、（四）人種にかんする自己認識、にかんして聞き書きされたものである。

（一）にかんするデータが示唆することは、ミスキートの対アメリカ人感情が相変わらず良好だということである。ソモサ時代のアメリカ人のミスキートに対する横暴に対して怒りをおぼえる者は全体の一九パーセントに過ぎず、三七パーセントはアメリカがソモサに悪行を強いられたと考え、四一パーセントは加害者はアメリカではなく、ソモサと「スペイン人（スペイン語を話す白人や混血民）」だとしている。また、アメリカ人との付き合いを再開したいと考える者も全体の八二パーセントにのぼり、そのうち五六パーセントまでがアメリカにこれまでの借りを返したいと考えている。[*75] ソモサ時代の末期、対アメリカ感情を悪化させたミスキートたちは、まるでサンディニスタ政権との闘争を通じてアメリカ人に対する信頼を取り戻したかのようである。サンディニスタにとって「国民の敵」であったアメリカは、ミスキートには「頼れる友人」だったのである。

（二）の調査結果からは、「スペイン人」のミスキートに対する人種差別主義に憤っている者が五九パーセントも存在し、サンディニスタ政権下でこの「悪態」が改められたと考える者は三七パーセントに止まっていることが分かる。サンディニスタの譲歩策が一定の評価を受けている反面、ミスキート側の「スペイン嫌い」も依然として根強い。この反感は、回答者の七四パーセントがサンディニスタ主導の自治回復プロセスを信頼せず、その内容がミスキート側が求める自治と大きく隔たっているという批判からも分かる。この白人・混血民――すなわちニカラグア「国民」――に対する不信感が彼らを軍事行動へと駆り立てたのである。その一方で自分たちだけで自治政府を運営できると考える者はわずか一九パーセントに過ぎず、三三パーセントがみずからの教育不足を痛感し、黒人や外国人の支援が必要だと考えていることは興味ぶかい。[*76] この強力な自治意識とみずからの政治能力への不信に由来する自己矛盾が、彼らのアメリカへの再接近を助長した一要因であろう。

（三）にかんする回答から読み取れることは、少なくともミスキートはニカラグア革命を自分たちのための革命とは考えていないということである。革命後の経済危機を非難する者は全体の四四パーセント、自治にかんする政治的プロセスに対して批判的な者は九二パーセント、もしゲリラ戦でサンディニスタと戦わなかったらミスキートをめぐる事態はさらに悪化していたと考える者は五二パーセントにのぼる。逆に、明確に革命を肯定する者はほとんど存在しない点が特色である。[*77] 彼らの多くにとって、革命は歴史的な「進歩」ではなく、「退歩」であると理解されていたのである。

(四)の結果から分かることは、(二)で明らかなようにミスキートは「スペイン人」の人種差別主義に対してきわめて強い反感を持っているものの、彼ら自身は単純な対抗的人種主義に陥っていないということである。たとえば、「自分の子どもや親族は誰と結婚するのが望ましいか」という質問に対して、「絶対にミスキート」だと答えたのは三三パーセントに過ぎず、「ミスキートが望ましい」と答えた二二パーセントを加えて、ようやく全体のほぼ半数となる。だが、注目すべきは、三〇パーセントの回答者がアメリカ人もふくむ外国人が結婚相手として好ましいと答えており、そのなかには黒人やミスキートとの結婚を望まない者も含まれている点である。また、自らの子どもの容姿にミスキート的要素をのぞむ回答者はわずか一九パーセントにとどまり、「アングロ・サクソン的容姿」と答えた三〇パーセントに大きく届かず、「どのような容姿でも構わない」と答えた回答者の割合に等しい。[*78] このことから、ミスキート側はみずからの「人種」に対する単純な防衛意識をほとんど持ち合わせていないと結論できよう。この結果は、彼らが複雑な混血化を繰りかえしてきた民族であること考慮すれば、それほど不思議なことではない。

以上、おもに四点にわたるミスキートの意識調査から分かることは、文化的対立や交流を通じて歴史的に織りこまれた憎悪や友情がいかに根強いものであり、ミスキートの時空間概念や共同体的価値観は西欧的な「近代化」や「国民国家」に容易に取って代わられるものではないということである。サンディニスタが取り入れた社会主義的「民主主義」やこれに基づいた政策が理解されなかったのも無理はない。

しかし、同時にミスキートが、「国民国家」の論理に付随して現れる「人種」や「民族」意識、あるいはそれに立脚した「統合と排除」の論理から免れていたことは重要である。かつてサンディーノ軍に合流したミスキート兵士が存在したことも忘れてはならない。かりにレーガン政権がサンディニスタ政権を追いつめず、サンディニスタが当初からミスキートの文化や自治に最大限の配慮をしたならば、サンディニスタとミスキートの関係はまったく違ったものとなったであろうか。歴史の不可逆という大原則にあらがって、ここでその可能性についてあれこれと想像をめぐらせることは避けるとしても、ミスキートが閉鎖的な人種・民族意識のなかに生きていたわけではないことを再度確認しておくことは、けっして無意味なことではないだろう。

ミスキートと一応の合意に達したオルテガであったが、国内外の反サンディニスタ諸勢力からの攻撃に晒され、これに対抗する有効な手だても打ち出せないまま、一九九〇年の国民総選挙において中間層を基盤とする国民反対連合のビオレタ・チャモロ（故チャモロの未亡人）に敗れた。こうして、一一年続いたサンディニスタの時代は幕を閉じた。しかし、このときのサンディニスタの去り際は、じつに民主的で潔いものであった。世界史において、武装闘争によって政権を獲得した革命勢力が、選挙での敗北に従って平和裏に政権を移譲するのはまれなことである。[*79] この最後の行動を通じてサンディニスタは、ニカラグア革命の意味についてもう一度人びとに問いかけたかったのかもしれない。

チャモロ政権のもとで、ニカラグアはふたたび完全なる民政へ移行し、アメリカとの外交関係も修復され、国家経済も一定の復興をみる。しかしながら、これとともにふたたび貧富の格差がひらき、旧ソモサ派が少しずつ政治・経済の檜舞台に返り咲いた。九六年に大統領となったアルノルド・アレマンは、自らのソモサ派とのつながりを包み隠さず、革命によって接収されたソモサ一族の資産の一部を返還する提案をしたほどである。また、二〇〇二年に大統領となったエンリケ・ボラーニョスは、アメリカにつき従ってイラクへの攻撃に賛成し、一一五名の兵士を参戦させた（この決定は多くの市民に批判されたため、すぐに撤兵した）。[*80] このようにふたたびソモサ一族の影がちらつき、アメリカへの依存を強めているニカラグアにおいて、サンディニスタは、度重なるスキャンダルや内部分裂の影響もあって野党の立場に甘んじることになった。

五——下からの運動の下で

一九世紀末以来、アメリカによる中米・カリブ地域の「裏庭」化の拠点とみなされ、その圧倒的な軍事力と経済力で支配下に置かれてきたニカラグアは、同時に中米地域における反米ナショナリズム運動の震源地でもあった。「混血国民」意識に立脚したサンディーノやサンディニスタの運動は、かつてグアテマラのリベラル政治家によってなされた一方的な「上から」の国民形成とは異なり、たしかに「下から」の民衆参加に支えられており、その動向は中米地域のみならず世界の政治思想や運動に多大な影響をもたらした。

しかしながら、アメリカが強大化すればするほど、「持たざる小国」のニカラグアは、ナショナリズムが創出する「統合と排除」の莫大なエネルギーを武器にしてこの「持てる大国」に立ち

14　エルネスト・カルデナル

向かわねばならなかった。「上から」創られたナショナリズムがおもに為政者の政治権力を安定させるために利用されたのに対し、この「下から」のナショナリズムには外国支配やそれと結んだ独裁者から主権を取り戻すという民主主義的な意味が込められていたことは間違いない。ところが、ナショナリズム自体が内包する「統合と排除」の機能は、どちらのナショナリズムにもきわめて平等に働いた。その結果、アメリカやその傀儡である独裁政権から主権を取り戻すために引き締められた単一「国民」意識が、「異質な人びと」としての先住民のアイデンティティを厳しく圧迫することになった。彼らは、「下から」の運動のさらに「下」へと押しやられてしまったのである。

都市周辺で暮らす先住民のなかには、比較的円滑にニカラグア「混血国民」意識を受容した人びともいる。彼らは、ときに混血民とともに独裁者やアメリカ人と戦ったし、サンディーノやサンディニスタの戦いに加わった者も少なくない。しかし、サンディニスタ政権期、政府からもっとも敵視されたアメリカの言語や宗教などをみずからの文化に吸収したミスキートとの「国民」的共闘は容易ではなかった。ニカラグア人ナショナリストがミスキートのなかの「帝国主義文化」を希薄化しようと躍起になればなるほど、これを自分たちの「民族的文化」と見なすミスキートは、「親友」アメリカの助力を得ながらこれを死守しようとしたのである。サンディニスタがミスキートもふくむ社会的弱者を解放しようと掲げた革命の思想や文化は、ミスキートにとっては単なる政治・文化的強制に過ぎなかったのかもしれない。

サンディニスタ政権期のエルネスト・カルデナル文化相は、ニカラグア革命をめぐる歴史認識と国民文化について次のように語っていた。

私たちの革命は現在のものであり、また未来のためのものです。しかし、革命はまた過去のものでもあります。私たちの過去も同様に革命化されたのです。まず最初に、人びとの意識のなかにある死人たちの反乱がありました。私たちの歴史は突如として変えられました。以前には目にすることができなかった伝統的特性が、今や現在の一部となりました。国民的伝統が花開いたのです。あらゆるニカラグア的なものが、つねに解放運動へと結びつけられました……[*81]

つまり、サンディニスタ政権は、ニカラグアの歴史や伝統を革命を頂点とする右肩あがりの「発展の国民史」的視点から書きかえたのであって、革命的な価値と相容れないものをすべて削除しようとしたのである。これは、長きにわたる独裁と外国による支配から永久に脱し、民主主義的な社会を実現しようとするサンディニスタの強固な意志の現れであった。だが、独自の共同体システムや習慣を維持し、階級概念さえ理解しえなかった先住民にとってみると、国民革命史観や革命的価値観の強制は、スペイン植民地時代から繰り返されてきた文化的「白色化」の一種の奇形に過ぎなかった。

ニカラグア革命が達成された要因は、サンディニスタがサンディーノの「混血国民」概念にフォンセカの「国民革命」思想を加味した「国民」像を掲げながらも、これを人びとの多様性に即して柔軟に適応させたことである。巨大な敵に立ち向かって革命を防衛するために思想的柔軟性を失い、硬直化した瞬間に、サンディニスタの政治基盤は揺らいだ。そして、その歪みこそが、ミスキート問題を引き起こしたのである。

III

先住民がつくる国民

20世紀後半から現在

一――国民的主体としての先住民

――私たちは、愛され、尊敬されているメキシコ国旗のもとで庇護されている。私たちは、メキシコ人であり、それゆえにこの祖国はまた私たちのものでもあるのだ[*1]（サパティスタ民族解放軍・先住民司令官タチョ）。

――〈かわいそうなインディオたち。権利を持っているのに〉と言っているのではない。〈われわれも入れてくれ。われわれも国の一部となって、国（国民―小澤）という概念を作りたいのだ。あなた方の言う国には私たちの場もあるというのなら、私たちも入れてくれ。支持者としてではなく、建設者として入れてくれ〉と彼ら（先住民―小澤）は言っているのだ[*2]（サパティスタ民族解放軍・メスティーソ副司令官マルコス）。

右の一節は、一九九三年末に武装蜂起宣言を行って以来、従来の先住民解放運動とはまったく異なる政治戦略のもとで活動をつづけるサパティスタ民族解放軍（ＥＺＬＮ）を率いるリーダーたちの発言である。マヤ文明圏の辺境に位置すると同時に、グアテマラと国境を接するメキシコ合衆国のなかの辺境州でもあるチアパスの先住民たちによって結成されたこの先住民組織の発するメッセージは、ラテンアメリカ史においてしばしば見られる先住民族による白人至上主義的な「国民国家」からの分離あるいはその破壊とは無縁である。EZLNの先住民は、むしろ長きにわたって押しつけられてきたメキシコ「国民国家」を主体的・積極的に肯定し、メキシコ「国民」の重要な一員としての先住民の諸権利について主張する。

EZLNの思想と運動が、ラテンアメリカ地域内におけるほかの先住民だけでなく、みずからの生活と存在を賭けて権力者たちと戦う世界中の社会的マイノリティ集団にもきわめて大きな影響を与えていることは広く知られている。この運動をかたずを呑んで見守る知識人もけっして少なくない。チアパスにおいて周辺化されていた先住民が、スペイン人の征服によって始まった「五〇〇年の孤独」を打ちやぶり、みずからの政治・社会意識やその運動の方法・戦略を根本的に変質させながら、新たな主体的運動の場を開拓し始めた背景にはいったい何があったのか。そして、それはいかなる歴史的文脈のなかで生まれたのか。このことを明らかにすることは、今後の市民・社会運動の行方を見きわめるためにも重要であろう。

本章は、EZLNの結成によって一躍世界の注目を集めることになったチアパス先住民社会の歴史的変遷を、メキシコ「国民国家」とのかかわりやその周辺の中米諸国との関連性のなかで読み解き、先住民運動の新たな可能性について考察するものである。

二――押しつけられた「混血国民」意識

1　チアパス―マヤ世界の辺境地

現在のメキシコ・チアパス州は、マヤ文明やアステカ文明を内包するメソアメリカ世界の地理的辺境に位置している。もともとこの地は、マヤ系先住民を中心としながらも言語・文化・民族においてモザイクの状態であり、古代から移民がくり返されてきた土地がらであったため、異文化との共存に対して比較的寛容であったと考えられている。

しかし、一六世紀のヨーロッパ人征服者たちにとって、この地域は本国の監視の目をかいくぐって先住民労働力や資源を際限なく搾取することを可能とする「隔絶された土地」となった。ときに先住民は慣れ親しんだ土地を追われたうえ、ラディーノ居住区に立ち入ろうものなら、すさまじい暴力によって虐待されるのがつねであった。チアパス先住民の人口が、一五七〇年から約一

15　メキシコ関連地図

16　チアパス州関連地図

世紀のうちに二二万四四〇〇人から七万四九九〇人へ激減したことは、こうした恒常的暴力と無関係ではないだろう。[*3]

このような状況下においても、先住民は思想的柔軟さや豊かな想像力を失うことはなかった。スペイン人によって強制されたカトリックの教え――カトリック聖人の生きざま、アダムとイヴ、大洪水といった旧約聖書の逸話など――は先住民の道徳観や共同体意識に多大な影響を与えたけれども、それは同時に、カトリックやスペイン人の存在が先住民の世界観のなかに回収される過程でもあった。たとえば、先住民はヨーロッパの白人征服者たちが血眼になって探しまわっていた黄金を侮蔑し、これを「神の排泄物」と位置づけたことはその典型的な例だといえよう。征服者の拝金主義は、先住民の民間信仰やその価値意識に照らされつつ、揶揄されていたのである。[*4]

チアパス南部はスペイン植民地時代にはグアテマラ軍務総監領に属しており、ヌエバ・エスパーニャ副王領（メキシコ）の独立運動も、チアパス州にはほとんど影響をもたらさなかった。メキシコ「独立の父」と呼ばれる白人のミゲル・イダルゴ神父は、補佐役のモレロス神父とともに、人びとに広く信仰されていたグアダルーペの聖母（スペイン人による征服後まもなく、土着宗教の聖地であったメキシコ市テペジャクの丘に出現されたとされる聖母）の加護を強調しながら、白人クリオーリョにとって利益となる独立戦争に先住民や混血民八〜一〇万人を動員し、その一方で身分制を廃止し、白人・混血民・先住民など人種間の平等を主張した。この思想は、彼の死後に発表された事実上の独立宣言である「イグアラ綱領」のなかにも盛り込まれている。
すなわち、独立戦争のなかった中米諸国とは異なり、メキシコは先住民の参加する激しい戦争を経て独立を達成（一八二一年）した点に特色がある。スペインとの戦争体験や記憶が、少なくともメキシコ人クリオーリョのあいだにスペイン的起源に対する拒絶と、メキシコの独自性を明示するために非スペイン的要素としてアステカ的過去を尊重するという行動を促したことは間違いない。このいわゆる「新アステカ主義」は、しばしば褐色の肌で表現されたグアダルーペの聖母信仰とともに、メキシコ中心部に居住するクリオーリョにとって初期ナショナリズムの骨組みとなった。[*5]
一八二三年、中米五ヵ国がメキシコから離脱し、中米連邦共和国を結成するにあたり、チアパスは中米五ヵ国から第六番目の国家として連邦に加盟するよう持ちかけられた。その是非をめぐってチアパス各地で住民会議が開かれたが、この動きを警戒したメキシコ側は、中米事情に詳しいビセンテ・フィリソラ将軍一行をチアパスへ派遣し、中米への敵対心をあおりつつメキシコ国内に留まるよう説得した。翌年、約五分の二にあたる住民が中米連邦への参加を望むなか、チアパスはメキシコへの併合を正式に決定した。その決定の裏には、グアテマラ政府と対立するチアパス大土地所有者のメキシコ政府への接近があった。[*6] チアパスをめぐるメキシコとグアテマラの国境争いはその後も続き、一九世紀末になるまで政治的解決をみなかった。

チアパスを併合したメキシコは、カシーケを長とする先住民共同体を国家システムのなかに取りこむため、ときに地方の大土地所有者と手を結びながら先住民たちの土地を収奪し、彼らに重税や債務労働を強制した。これに対してユカタン半島のマヤ系先住民たちは武装蜂起し、一時はユカタン半島の大部分を支配下におくなど、ラテンアメリカでも他に例がないほど長期にわたる激しい抵抗を続けた。このいわゆるカスタ戦争（一八三九〜一九〇一年）は、途中から非先住民の絶滅とキリスト教と民間信仰がいり混じった「語る十字架」信仰を軸とし、マヤ独立王国の建設を目ざす千年王国的な土着主義運動へと変化していった。[*7] この反乱の収拾に苦慮したメキシコ政府は、のちにベリーズの領土や主権をめぐってグアテマラと対立していたイギリスに働きかけ、イギリスの言い分を大幅に認めるかたちでメキシコ・ベリーズ間の国境を画定（マリスカル—スペンサー条約、一八九三年）し、それとひき替えにイギリスがカスタ戦争に介入しないことを約束させている。

カスタ戦争は、メキシコだけでなく中米地峡諸国の白人エリート層も恐怖におとしいれた。かつてハイチで起こった「有色人の白人に対する復讐」が、ついに中央アメリカ地域において発生したからである。この事件は、とりわけ全人口のおよそ七〇パーセントが先住民（ほとんどがマヤ系）で占められるグアテマラの白人支配層をふるえ上がらせ、彼らの白人至上主義的な「上から」の国民形成計画の実施を急がせる要因となった。さらにメキシコの場合、北方でテキサスの領有をめぐってアメリカと交戦（米墨戦争、一八四六～八年）して敗北し、ニューメキシコとカリフォルニアなどをふくむ広大な領土をアメリカに譲渡した（その直後、皮肉なことにカリフォルニアは空前のゴールドラッシュに沸きかえることになる）。国内外の圧力によって、国家の枠組が大きく揺らいでいたのである。

この時期のメキシコの中米地峡諸国との最大の歴史的相違は、先住民大統領が登場したことであろう。五八～六一年の臨時政府を経て、一八六〇～七〇年代、二度にわたって大統領を務めたオアハカ州サポテカ族出身のベニート・フアレス（一三歳までスペイン語を話さないトウモロコシ畑の見張り番であった）は、五九年の改革主義的なレフォルマ法（政教分離、教会財産の国有化、世俗的な婚姻や戸籍管理などをふくむ）の発布、対外債務の支払い凍結（ナポレオン三世率いるフランスの軍事介入を招く）、先住民社会の保護など、改革主義的な政治を敢行した。*8 メキシコ国民史のなかで「建国の父」と位置づけられているフアレスの存在は、先住民が国政にかかわる華麗な前例となり、メキシコにおける先住民の社会的認知や人種融合の例証とされることもある。たしかに、このときのメキシコには、近隣諸国以上に先住民に対して寛容であった証左も散見される。

とは言え、かつてアステカ族の侵入を受けるなどメキシコ中央部との歴史的関係も深く、独立後も都市文化や市場経済に比較的順応し、混血化も進行していたオアハカ先住民をとり巻く状況は、チアパスのような辺境州と同一視されえない。じっさいに、ファレス時代にもカスタ戦争の猛火はまったく鎮まっていない。たとえば、一八六八年、フリオ・ロペス＝チャベスの統率下で土地を奪われた先住民たち反乱が起こり、ユカタン半島では一八万四〇〇〇人以上の先住民、グアナファアトやシエラゴルダでは数千人の先住民が死亡し、北部でも土地を奪われた者たちの抵抗運動が頻発している。[*9] 先住民大統領の出現にもかかわらず、周縁化された先住民の怒りはそう簡単に収まらなかったのである。

一八六七年には、ついにユカタン半島のカスタ戦争の火の粉がチアパスにも降りかかり、激しい先住民暴動が勃発した。ここでも事件の発端は、白人支配に対して不信感を持つ先住民の土着キリスト教的「奇跡」であった。

チアパス州サンフアン・チャムーラの小村で羊追いをしていたマヤ系ツォツィル族の先住民女性アグスティナ・ゴメス＝チェチェブが、空から降ってきたとされる深緑色の三つの丸い石を自宅に持ち帰ったことがすべての始まりであった。この石の保管を依頼された先住民官吏ペドロ・ディアス=クスカットは、それらを箱のなかに安置したが、やがてその石がみずから箱の外に出ようと動きまわるという噂が広まり、村民たちの崇拝の対象となった。アグスティナとペドロはこの「奇跡の石」を人形風に加工し、それらはアグスティナが産み落としたと主張したため、彼女は「神々の母」と呼ばれるようになった。[*10]

この噂がチアパス高地に広がると、教会はこの偶像崇拝を異端行為として非難し、政府もユカタン半島のように先住民が暴徒化することを恐れてこれを禁止した。これに反発したペドロは、カトリック聖週間の直前、白人と混血民がキリストを十字架にかけたためにキリストは白人種へ変身してしまい、チャムーラの人びとに利益をもたらさなくなったと主張した。先住民が白人や混血民とおなじ御利益にあずかるためには、先住民の男子を十字架にかけ、新しく先住民のキリストを誕生させなくてはならないというのである。こうして、アグスティナの血をひく一〇歳の少年ドミンゴが十字架にかけられ、アグスティナやその従者たちはその体から流れでる血をすすったとされる。[*11]

この行為を危険視した政府がその首謀者たちを拘束すると、これに反対したマヤ系先住民（ツォツィル族、ツェルタル族、トホラバル族、チョル族など）が武器をとって立ち上がった。やがてこの暴動の目的は白人系住民に対する攻撃へと変化し、約三年にわたって白人・混血民の居住区が襲われ、虐殺、放火、略奪が繰り返され、一時は州都サンクリストバル・デ・ラスカサス（一八九二年、州都は現州都であるトゥストラ・グティエレスへ遷都）も占拠された。かつて白人によってキリスト教信仰を強制された先住民たちは、みずからの解釈を加えた異端的キリスト教を胸に白人に立ち向かったのである。

この暴動に象徴されるように、チアパスの先住民は、スペイン植民地時代にかたちを変えながら生き残ったみずからの共同体やその価値観を守るため、ときにグアテマラやニカラグアのマヤ系先住民以上に激しく、また組織的に抵抗した。ふだんは部族間で対立していたにもかかわらず、ときおり驚くほどの結束力を見せるチアパス先住民社会のありようは、後年のサパティスタ民族解放軍の戦いを彷彿とさせる。

しかしながら、中央集権的国家を確立しようとするメキシコ政府にとって、こうした社会状況はまさに悪夢であった。カスタ戦争が終息しつつあった一九世紀末、メキシコ国家にとってもっとも重要な課題は、先住民反乱の再発を防止することであった。さらに二〇世紀にはいると、メキシコ国家は国内に存在する多様な地域や人びとのあいだに統一意識を生みだすため、「進歩」と「統合」をキーワードとする「上から」のナショナリズム形成を計画した。白人種と先住民の混血化を通じて国民統合を目ざすなど、メキシコの「国民」観は隣接する中米諸国のそれに酷似していた。[*12]

ただし、創出された「混血国民」概念は、ニカラグアなどの中米諸国でもそうであったように、メキシコ社会から先住民に対する差別や偏見を喪失させるものではなかった。先住民は混血化したメキシコ国民にとって不可欠な要素とされたものの、その存在に対する積極的な評価は古代文明を築いた過去のみに押しこめられ、現存する先住民それ自体はメキシコの「進歩」と「発展」にとっての障害であると見なされた。[*13] そして、メキシコ社会を大きく揺るがす民衆革命を機に、メキシコ国家の先住民を混血国民概念のなかに回収しようとする動きは、ますます加速化していくことになる。

2 メキシコ革命期の国民意識と先住民

一八七六年以降、メキシコは「自由主義者」ポルフィリオ・ディアス大統領による事実上の独裁国家の道を歩んだ。フアレスが率いた対フランス戦争における活躍で名を馳せたディアスは、一方でヨーロッパの実証主義や社会進化論を信奉するエリート知識人や科学者（シエンティフィコス）によって結成された自由主義同盟（のちの科学主義党）と結びながら、ヨーロッパ社会をモデルとした「国家改造計画」を発表した。そのなかで、国産産業の育成、司法の独立、効率的行政、出版・報道の自由、大衆に開かれた教育制度の実現が、空々しく唱えられている。同時にディアスは、外国資本を導入して経済開発を促進し、一九世紀末から二〇世紀はじめにかけて未曾有の経済的繁栄をもたらした。[*14]

しかし、この繁栄は外国資本と手を組んだ一握りのエリート層に利益をもたらすものに過ぎなかった。また、ディアスは、先住民の共有地をつぎつぎと収用・売却したため、かつてないほどに大土地所有制度がはびこった。これに対して先住民は激しく抵抗し、すでにカスタ戦争のただなかにあったユカタン半島でいっそう激烈な反乱が起こっただけではなく、北部のソノラ州でもアステカ系ヤキ族によるヨリス（白人および混血民）追放事件をきっかけとする数千人規模の反乱が起こっている。[*15] このようにディアスは、ヨーロッパ的国家の建設を目ざし、自由主義者を名乗りながら独裁的権力を強化し、先住民共同体を解体して国家に取りこもうとした中米的「リベラル」政治家であった。ただし、メキシコの経済規模が中米地峡諸国をはるかに凌ぐものであったことと関わって、ディアスの権力は他国よりもいっそう強大なものとなる。

このディアス政権の打倒を目ざしてフランシシコ・マデロの指導する中間層の民主化運動が勃発（一九一〇年）したのを皮切りに、反独裁運動が農民や労働者のあいだにも拡大していった。

やがてメキシコは内戦状態となり、ディアスは反乱勢力によって追放され、民主的な内容（外国人・教会による土地所有の禁止、農民への土地の割譲など）をふくむ新憲法が制定（一七年）されたものの、最終的にラサロ・カルデナス大統領（在三四〜四〇年）がこの状況を安定させて政治改革を断行するまで各党派による権力闘争が続いた。この過程が、いわゆるメキシコ革命（一九一〇〜四〇年）である。

同時期のラテンアメリカ諸国の民衆運動（サンディーノ主導のニカラグア反米ナショナリズム運動がその好例）や改革運動にはかり知れないほどの影響を与えたこの革命は、辛亥革命に始まる中国の革命運動やロシア革命と同様に国民主義的で急進的な社会変革運動であったが、ほかの革命とは違ってその後に社会主義の道を歩むことはなく、一九世紀の自由主義思想に根ざす強力な反教権思想と私有財産が堅持された点に特色がある。[*16] カトリック教会の政治経済的権力は大きく削減され、一九三〇年代前半には急進派の教会に対する激しい打ち壊し運動も見られたが、その宗教的権威が喪失されなかったという点でも、中米諸国の歴史的経験と酷似している。

このメキシコ革命の「英雄」たちのなかで、先住民や貧農からもっとも支持された人物が、フランシスコ・ビリャ（パンチョ・ビリャ）とエミリアーノ・サパタであった。ビリャが親しみやすさと勇猛果敢さで人気を博したのに対し、サパタはより明確な社会変革のヴィジョンを持ったカリスマ的指導者であったと言える。サパタは、先住民人口を多く抱えたモレロス州の砂糖生産地帯に暮らす比較的豊かな農民出身で、ディアス時代に先鋭化したサトウキビ農園と村落共同体との対立——農園の拡大とそれに伴う灌漑システムの整備が先住民の居住地や水利権を奪い取った——を背景に土地の返還を求めて戦いを開始し、一九一一年には大プランテーションによって収奪された農地・森林・水利権などの農民への返還などを盛り込んだ「アヤラ綱領」を発表した。サパタは必ずしも政治能力に秀でた人物ではなかったが、その農民の視点に立った土地改革案が新憲法の内容にも大きな影響を与えるなど、一九一九年に暗殺されるまで革命を支えた最重要人物の一人であった。[*17]

サパタが当時の政治家や知識人のあいだで根強かった社会進化論を超克したうえで先住民と向き合っていたかどうかについては、不明な点も多い。だが、少なくとも深刻な土地問題に直面していたメキシコの先住民系貧農は、自分たちの土地を奪回するために命を賭したこの人物を一種の救済者と見なしたことは間違いない。また、二つの世界大戦を機に西欧社会を批判的にとらえたり、農民による一致団結した権力者への抵抗運動にロマンチシズムを求める国内外の知識人によって、しだいにサパタは「伝説の英雄」と化していった。

たとえば、『怒りの葡萄』（一九三九年）のなかでアメリカ貧農たちの共闘を楽観主義的に描い

17　**エミリアーノ・サパタ**（メキシコ国立革命博物館所蔵、額田慎氏撮影）

たアメリカ人作家ジョン・スタインベックは、貧農のために戦ったサパタを熱心に研究し、そのエッセイのなかで「時がたてば、エミリアーノ・サパタはメキシコの偉大で純粋な人間として立ち現れ、メキシコの自由の人間守護聖人として、グアダルーペの聖母と並ぶ地位を得ることは確実であろう」と賞賛している。[*18] かれの著した脚本をもとに、俳優マーロン・ブランドをサパタ役に抜擢したエリア・カザン監督の映画『革命児サパタ』（一九五二年）も製作されたほどである。そのシナリオのラスト・シーンでは、暗殺されたサパタの不死を信じる男たちが、サパタはまだ生きて山に潜んでいるとし、「おれたちが彼を必要とするときには……彼は戻ってくる」とつぶやくのだが、この予言はある意味で的中していたことがのちの時代に明らかとなる。[*19]

　サパタはしだいに戦う農民のシンボルと化し、のちにいくつかの活動的な農民組織がサパタの名前を組織名のなかに採りいれた。ちょうどニカラグアのサンディーノやエルサルバドルのマルティが死後数十年たってから民衆革命のシンボルとして復活したように、サパタもそのつど微妙に姿を変えつつメキシコの農村社会に「戻ってくる」ことになる。こうした歴史的文脈のなかで、じっさいには革命期にサパタ運動と深い関係を有していないチアパスの先住民農民が、サパティスタ（サパタ派）を名乗り、サパタをみずからの抵抗運動の象徴とする素地がかたち作られていったのである。

その後のメキシコにおいて、際だった社会的不平等や不公正が消滅しなかったことからも分かるとおり、メキシコ革命によって根本的な社会変革がいっきに達成されたとは言いがたい。しかしながら、その過程で見られた大衆的で改革主義的な性格は、メキシコ「国民」意識のなかの先住民の位置づけに変化をもたらした。スペイン植民地時代の過去を消しさり、「メキシコらしさ」を強調するために、モクテスマやクアウテモク（アステカ帝国末期の王たち。クアウテモク像は、一八八七年、メキシコ市内に建立されている）とイダルゴ神父など独立運動のリーダーを結びつけたり、水や農耕をつかさどる先住民の神ケツァルコアトルとキリスト教の使徒聖トマスを結びつけようとする試みは、すでに白人クリオーリョによって革命以前からなされていた。[*20]

これに加え、一九一七憲法の制定後、メキシコ国家は少なくとも公式見解において先住民を

「革命家族の一員」とし、メキシコにとって不可欠な「国民的財産」と位置づけるようになった。[*21]これにより、ディアス時代に「国民（このころは民衆・人民という意味もふくむプエブロという言葉で表現されることもあった）」の外側に追いやられていた先住民たちは、一九二〇～四〇年代、ほかの周縁化された人びとともに「プエブロ」の一員となった。革命期にリーダーシップを発揮した政治家・知識人・芸術家たちは、革命・国民性・歴史・文化・人種……などをめぐってさまざまに議論をたたかわせたが、その根本にはメキシコ的「プエブロ」の追究があった。[*22]

しかし、こうした意識の変化によって、革命派の人びとは以前にも増して精力的に先住民の教化とそのメキシコ「混血国民」への編入を急ぐことになり、その過程で明らかとなった先住民文化の独自性や多様性――「非国民性」と言いかえてもよい――は克服されるべき緊急の課題となった。一方で先住民の存在にメキシコ国民のルーツを求めながら、他方ではその先住民性を希薄化しようとした革命期の政治家や知識人たちは、ますます先住民文化の積極的特色を征服期以前の過去に求めるようになった。

先住民の国民化政策の基盤を築いたのは、農業省の文化人類学局を統率していたマヌエル・ガミオである。人種と文化の相関関係に強い関心を抱いていたガミオは、ディアス期に進行した外国文化への傾倒にあらがって「国民の鍛造」を実現するため、メキシコ内の多様な先住民集団について科学的な研究を進め、その土着の芸術や文学を復活あるいは保持することに尽力した。[*23] いまも訪れた者を魅了してやまないテオティワカンの「太陽のピラミッド」「月のピラミッド」・ケツァルコアトル神殿なども、この人類学者のもとで発掘あるいは修復されたものである。こうしてガミオは、メキシコにおけるインディヘニスモの創始者となったが、社会進化論的な先住民観を完全に克服するには至らなかった。

これを学問的に継承したうえで、先住民をメキシコ国民のなかに統合する人種・国民理論へと発展させたのがホセ・バスコンセロスであった。教育大臣も務めたバスコンセロスは、先住民の未来は人種と文化の混血化を通じたヨーロッパ的近代文化の獲得によってなされると信じていた。これを実現するために、彼は公的教育の変革を目指しただけでなく、ダビドゥ・シケイロス、ディエゴ・リベラ、ホセ・オロスコなどの芸術家による「革命」や「メキシコらしさ」をテーマとした壁画運動を支援するなど文化的な政策を駆使した。バスコンセロスは、ガミオの唱える統合的なメキシコ国民教育を受容しながらも、そのインディヘニスモ的姿勢からは距離をとり、土着言語を通じた教育活動にも消極的であった。これらの点で、バスコンセロスの混血概念は、やはり白人至上主義的な白人の血と文化の拡散を基軸とするものであった。[*24]

一九二〇年代以降、こうした知識人の指導のもと、芸術や科学の分野において、土着文化や国民文化をテーマとするさまざまな作品や研究が発表された。たとえば、リベラらの壁画運動の芸術は「古代文明における先住民の天賦の高い創造性が、プエブロの貴重な芸術を通じて今日のわれわれの時代に引き継がれたもの」と位置づけられた。また、エドゥアルド・ビジャセニョールらは、「インディオのため」に、そして「インディオを俳優にするため」に農村を舞台にした戯曲を執筆した。しかしながら、こうした芸術は、ヨーロッパで教育を受けたエリート芸術家によって牽引されるものであった。[*25]

一九三〇年代には、カトリックとスペイン語を共有する「混血国民」としてのメキシコ国民イメージがさらに社会に氾濫した。このころに普及したラジオや映画などの新しいマスメディアが、たとえばハラーベ・タパティオ（メキシカン・ハットダンス）を踊るチャーロ（メキシコ版カウボーイ）とチーナ（混血娘）に代表されるような、ステレオタイプ化され、単純化されたメキシコ国民像を形成する重要な一翼を担ったからである。[*26] メキシコの国民性を追究する者たちにとって気がかりだったのは、やはり先住民の「インディオ」的伝統が社会に残存していることであった。こうしたなか、スペイン人による征服と植民地化は痛々しいものではあったが、先住民にカトリックやスペイン語をもたらして「文明化」し、のちのメキシコ「国民」の基盤を作ったという意味で必要であったとする歴史認識も広く行きわたっていった。[*27]

一九三〇年後半、もっとも有力な政党となった国民革命党（一九二九年、さまざまな革命派がより集まって結党され、四六年に「制度的革命党」に改称）の党首を経て大統領に就任したカルデナスは、反動勢力を駆逐し、一九一七憲法で約束された変革を実行すべく政治に取り組んだ。二〇〇〇万ヘクタールの土地を七七万人の農民に再分配しながら、外国人所有地の接収、集団農業のための共同地の利用、鉄道・石油産業の国有化など、革命のなかでもっとも重要な改革が実施された。[*28]

また、カルデナスはインディオ自治問題部門を設置するなど先住民問題にも積極的に取りくみ、三九年には国立人類学歴史研究所が設立された。その翌年にはミチョワカン州の小村パックアロにおいて第一回米州インディヘニスモ会議が開催され、他のラテンアメリカ諸国の代表と先住民の伝統や文化を軽視せずに国民統合を達成するための意見交換がなされた。こうしてメキシコは、ラテンアメリカにおけるインディヘニスモ研究の中心地となった。こうした動きはミゲル・アレマン率いる制度的革命党（ＰＲＩ）にも引き継がれ、四八年の国家機関としてのインディヘニスタ国民協会（ＩＮＩ）の公設に結実した。[*29]

しかし、アレマン大統領が言ったように、この国家機関は「メキシコ先住民に対する政府の政策を企画し、制度化する責任を有する、連邦政府の公的で地方分権的な組織」であり、国のなかで「もっとも進歩の遅れた」先住民を国民生活のなかに統合し、文化的に同質化させることをその使命としていた。さらに、地方機関としてインディヘニスタ調整センター（ＣＣＩ）を設置し、これを介してＩＮＩは全国の先住民共同体をメキシコ国民国家へ編入しようと触手を伸ばした。チアパスのサンクリストバルにおいても、一九五一年、ツォツィル族やツェルタル族の共同体を対象にしたＣＣＩが設置されている。[*30]

このようにメキシコ革命は、一方で進歩的で民主的な改革の気運をもたらしたが、他方でその革命の熱狂とともに高まった「下から」のナショナリズムは、先住民をいっそう組織的にメキシコ国民国家へと編入しようとする強力なエネルギー源ともなった。これに対して民族の自治を望む先住民たちはしだいに不満を募らせるようになり、一九五〇〜六〇年代にはメキシコ革命をシンボルとする国民統合政策にかげりが出はじめる。

三――社会的弱者のための国民国家を求めて

1　PRI体制とEZLNの武装蜂起

第二次世界大戦を機に経済成長をとげたメキシコは、政府の主導による「組合国家」の建設を目ざすPRIの一党支配体制（〜二〇〇〇年）のもと、一九六〇年代末にいたるまでその好景気を維持した。経済成長率は、一九四〇年代に六・七パーセント、五〇年代に五・八パーセント、六〇年代には七・〇パーセントにのぼり、中産階級の規模は人口の三分の一に達し、六八年にはメキシコ市でオリンピックが開催されるなど、その発展ぶりは「メキシコの奇跡」と呼ばれるほどであった。[*31] 冷戦期のアメリカ合衆国にとっても、隣国メキシコがこの安定したPRI体制下にあることを歓迎し、これを支援したため、メキシコの政治・経済はふたたびアメリカへの依存の度合いを深めていった。

だが、この「奇跡」の発展の裏側で、長期にわたる一党支配のもとで歪んでしまった政治・経済構造は、確実に下層階級の人びとの生活を追いつめていた。革命によって貧農には土地の一部が返還されたものの、水源・信用貸し・農具などが不足しており、労働者たちも自国や外国の企業主や資本家から満足できる利益を得ることはできなかった。[*32] さらに、一九五〇年代以降、農業部門を犠牲にしながら推進された輸入代替工業（外国からの輸入に依存していた製品を国家の保護のもとで自給化する工業）が原因となり、農村の荒廃、あるいはメキシコ市などへの著しい人口集中とそれにともなう環境の悪化やスラムの拡大といった問題も見られるようになった。キューバにおける革命運動を横目にしながら、こうした社会経済的不平等や政治腐敗に反対するかたちで、たとえば警察軍によって激しく弾圧された鉄道労働者のゼネスト（一九五八〜九年）など、教員や労働者の反政府運動が活発化していった。

この時期のメキシコ社会の陰陽を象徴する事件が、発展の象徴であるオリンピックが華々しく開催されたのとおなじ一九六八年に勃発したいわゆる「トラテロルコの夜」である。オリンピック開催を控え、治安の維持に神経を尖らせて強圧的な態度をとり、高校や大学の自治に公然と干渉・介入を行ったＰＲＩ政権に対し、アメリカの学生運動の影響を強く受けた怒れる若者たちは徹底抗戦の構えを見せていた。一〇月二日、メキシコ市トラテロルコ地区の「三つの文化広場」にメキシコ国立自治大学や国立高専の学生を中心とする一万〜一万五〇〇〇人の市民が集まったが、戦車やヘリコプターを動員してこれを取り囲んだ約五〇〇〇人の陸軍兵士が突如この群衆に発砲し、多数の死傷者を出した（その正確な数字はいまも把握されていないが、数千人の死傷者が出たとされる）[*33]。

こうした都市民の激しい抵抗運動は、反政府意識の高まる農村部の組織的運動にも影響を与えていく。学生運動を経験した運動家のなかには、みずから農村に入りこんで改革計画を実行しようとする者もいた。[*34] これにともない、一九七〇年代には農村部において国家による暴力事件があい次ぐようになるが、こうした都市の改革派とのふれあいのなかで、既存の先住民共同体のあり方に疑問を呈し、国家支配の片棒をかつぐカシーケ支配にさえ対抗しようとする改革主義的な先住民も見られるようになった。これに失業して地域社会での居場所を失った先住民たちが合流し、伝統的な先住民共同体を離れてサンクリストバル周辺に移住し、独自の共同体を作っていった(九〇年ではサンクリストバル市の人口約一〇万人のうち三分の一がこうした新たな共同体へと変わっていったとされる)。[*35]

八〇年代に入ると、先住民共同体(この時期には五六の民族共同体が公認)などを基盤とする私設の地域農村組織が誕生することになるが、そのなかでもっとも急進的な組織のなかにサパタの名を冠した二つの組織が含まれていた。ミチョワカン州のエミリアーノ・サパタ農民連合(UCEZ)とチアパス州を基盤とするエミリアーノ・サパタ農民組織(OCEZ)である。[*36] 注目すべきは、メキシコ市に近く、革命期におけるサパタの活動から直接的な影響を受けたミチョワカンだけでなく、生前のサパタとほとんど関係のないチアパスにおいても、「英雄」サパタが農民の抵抗の象徴として受け入れられたことである。その背景には、チアパス先住民農民の国民統合政策に対する拒絶があった。

このころまでに、ＰＲＩの中央集権的な国家政策はチアパスにも及んでいた。一九五〇年代には主要都市に建設された小学校において、「混血国民」的価値観を重視する教育が始まった。一九六〇年代には水力発電所が完成・稼働し、一九七〇年代にはフランシスコ・マデロ国際港の建設、石油採掘事業の開始、農村共同体の強制移動をともなうダムの建設など、自然や地下資源に恵まれたチアパスは、その天賦の豊かさをメキシコ国民国家の発展のために献上するよう自己犠牲を強いられた。

チアパスの先住民系住民の反感は強く、一九七四年には司教を中心とした進歩派が中心となり、サンクリストバル市で自分たちが置かれている状況について話し合うための先住民会議が開催された。また、その翌年、ミチョワカン州パックアロにおいて、世界中の先住民を集めた先住民会議が開催され、先住民族の自己決定の論理や自治が明確に宣言されたことは、チアパスの先住民系住民にとっても大きな刺激となったことだろう。この頃から、喪失した土地の奪回を目ざす抵抗運動が激しさを増していく。

これに対して、インディヘニスタ国民協会など既存の国家機関は、それまで以上に先住民の土着文化（民族舞踊や先住民の日常生活をテーマにした演劇の奨励など）や言語を尊重する参加型のインディヘニスモ政策を提示し、先住民たちを懐柔しようと努めた。[*37] 州都トゥストラ・グティエレスにおけるインフラストラクチュアの整備も、国家によって戦略的に重視され、実行された。だが、それでも先住民の主体的な運動を鎮めることができなかったことは、八二年にOCEZが結成されたことにも象徴的に現れている。

とくにチアパスの先住民農民を怒らせたのは、PRIのカルロス・サリナス大統領（在一九八八～九四年）が実施した「連帯プログラム」であった。これは、先住民・貧農・都市貧民という三つの対象を国家に統合し、救済するために地方の連帯組織を創設するものであったが、これは農村部においてカシーケや先住民系の地方官僚などを通じた政治支配システムの頭越しに中央が直接的に地方を管理する構造であったため、農村部からの激しい反発を招いた。[*38] これを機に、改革主義的な先住民共同体との連帯意識を強める共同体も少なくなかった。OCEZを中心に抵抗の激しかったチアパスは、一九九〇年からサリナス政府による財政支援が罰則的に縮小されたうえに、この地域の主要農産物となったコーヒー価格の急落（一九八九～九三年、生産高は三五パーセントも落ちこみ、小コーヒー生産者の収入は七〇パーセント下落）が重なって深刻な経済危機に直面した。[*39]

こうした状況に陥りながらもチアパスの人びとの活動エネルギーが枯渇しなかったのは、長い歴史のなかで彼らが獲得してきた不屈の精神によるだけでなく、一九九二年の「アメリカ発見五〇〇年記念」を前にした世界の民主主義者たちが、ラテンアメリカの先住民問題と向き合い、その解決を真剣に模索する姿勢を見せていたことから生じる国際的な連帯の気運にも依っていた。先住民問題は各国のマスメディア上でさまざまに議論され、「インディオ」、「コロンブス」、「一四九二年」などをテーマにした文学・芸術・映画などの作品も数多く作られたが、そのなかには「インディオの五〇〇年」に対する同情的な見解も少なからず見られた。一九八九年、世界が「ベルリンの壁」の開放に象徴される東欧革命がもたらす変革の気運に酔いしれるなか、メキシコでも先住民問題の解決をのぞむ人びとのあいだで「インディオ・黒人・民衆の抵抗五〇〇年」が組織されている。

こうした動きをにらんで、サリナス大統領は自政権が先住民の権利に対して真摯に取りくむ民主的な政権であることを広く国内外に印象づけようと試みている。一九九〇年、サリナスは、国連の国際労働機構（ＩＬＯ）が提示した第一六九協定（先住民の自治・自然資源の利用・公正な労働条件などを規定）をノルウェイについで世界で二番目に批准した。さらにサリナスは、先住民の保護について規定した一九一七憲法第四条の意義を再肯定したうえで、その冒頭部につぎの一節から始まる条文を追加する憲法修正を行った。[*40]

メキシコ国民は、もともと先住民に基盤をおく多文化主義的な構成体である。法は、先住民の言語、文化、伝統、習慣、資源、そして特殊な社会組織の発展を保護・促進し、その成員たちがより有効なかたちで国家の司法権を行使することを保証する。[*41]

じっさいには、具体的な実効策に不足した「骨抜き法」であった憲法第四条をこのように強調してまで、サリナスが先住民の自治を尊重する姿勢を示したのには理由があった。彼はアメリカとの経済統合政策を推進するうえで、まずメキシコ統合の「障害」となっていた先住民居住地域、とりわけチアパスを経済的「開放政策」を通じて国家に従属させようと狙っていたのである。その過程で、サリナスは農村共同体が有する牧草地・山林・河川などの共有地の法的保障を定めた憲法第二七条を改定し、「土地の農民への分配」というメキシコ革命によって達成された大原則をくつがえした。[*42]これによって、つましい農民の生活にとって不可欠な共同地は、売却されたり、資本家によって買い占められることが可能となり、貧農からの土地の収奪に拍車がかかった。こうした危機的な状況に追いこまれるなか、チアパスの先住民農民は一九九二年を迎えることになる。

世界の多くの国々で「アメリカ発見五〇〇年」が祝されるなか、一〇月一二日のサンクリストバルで開催された記念式典に弓と矢で武装した約五〇〇〇人の先住民が進入した。この乱入者は故意にトホラバル語・ツェルタル語・ツォツィル語で話し、「侵略の五〇〇年」を祝うことを拒絶し、人種差別への反対を訴える叫び声をあげながら行進し、チアパスを征服したスペイン人ディエゴ・デマサリエゴスの銅像を打ち倒した。[*43] 彼らは、積年の歴史的屈辱に加え、五〇〇年という節目の年にみずからの生活基盤を揺るがす憲法二七条の改定と、巨大外国資本の彼らに対する経済的搾取を可能とする北米自由貿易協定(略称NAFTA。アメリカ・カナダ・メキシコ三国のあいだで、関税障壁を撤廃し、域内における商品・サービスの自由な移動、公正な取引、投資の拡大などを約した国際協定)の合意がなされたことに対して、抑えきれない憤りをおぼえていたのである。

また、同年のリゴベルタ・メンチュウのノーベル平和賞受賞や、国連における一〇年の国際先住民年宣言によって変化しつつあった先住民問題に対する国際的関心の高さが、さまざまなメディアをつうじてチアパスの農村社会に影響を与えていた。こうした環境のなかで、チアパスの先住民農民たちは、これまで以上に組織的で主体的な抵抗運動を展開していった。そして、NAFTAが正式に発効する直前の一九九三年一二月、チアパスの先住民農民を中心とするサパティスタ民族解放軍(EZLN)が、その機関誌の第一号上で公式的な武装蜂起宣言である「ラカンドン密林宣言」を発したのである。

「いま、われわれは宣言する。もう、たくさんだ！」という印象的なフレーズから始まるこの宣言は、チアパス先住民がメキシコ国民国家を敵視して発した民族（エスニシティ）主義的な宣言ではなく、「メキシコのプエブロ（人民・国民）」に向けて呼びかけられたものである。[*44] 中米地峡諸国の歴史的経験が物語っているように、先住民はしばしば「国民」の名のもとに自治・伝統的生活・資源を奪われてきたため、その抵抗運動はエスニシティを軸とする反国民国家的な運動となる傾向が強い。ところが、EZLNはエスニシティを基盤としながらも決して閉鎖的なアイデンティティに閉じこもることなく、白人や混血層をふくむメキシコ「国民」全体に訴えかけ、その政治・社会的同意を獲得しようとしている点で異彩を放っている。[*45]

この宣言の冒頭で、チアパス先住民側から見たメキシコ史が簡潔にまとめられている。われわれは五〇〇年におよぶ戦いのなかから生まれた。はじめは奴隷制との戦いであった。ついで反乱者たちが指導するスペインからの独立戦争、その後は北アメリカの膨張主義に吸収されることを回避する戦いがあった。そして、われわれの憲法を制定し、われわれの領土からフランス帝国を追放するために戦った。ポルフィリオ・ディアス独裁体制は、改革のための法をわれわれに対して正しく適用することを拒み、これに対してプエブロは、みずからの指導者を生みだして決起した。こうして、われわれとと同じように貧しき人間のサパタやビリャが立ち上がった。*46

ここで見られるように、EZLNは「抵抗の五〇〇年」という歴史的視点で全体を貫いているものの、じつに分かりやすいメキシコ「国民史」の流れ――スペイン植民地時代、独立戦争、アメリカとの領土争い、対フランス戦争、ディアス独裁、メキシコ革命――に沿ってこれを説明している。ディアス期以前のチアパスは、事実上こうしたメキシコ「国民史」の外にあったにもかかわらず、あえてそのなかにみずからを位置づけることによって、EZLNがメキシコ国民の一部であることを読者に鮮烈に印象づけている。そして、この苦難の歴史に新たな局面を切り開いたサパタやビリャとEZLNを同じ歴史の延長線上でとらえている。

さらに、「祖国」メキシコにおいて貧者を生みだしているメキシコと外国の権力者や企業などを批判しながら、つぎのように主張する。

われわれの国民性を造りあげた者たちの真の後継者は、われわれである（中略）イダルゴやモレロスに敵対した者、ビセンテ・ゲレロ（イダルゴとモレロスの死後の独立運動指導者――小澤）を裏切った者、われわれの領土の半分以上を外国の侵略者に売り渡した者、われわれを支配するためにヨーロッパ的基準を持ちこんだ者、ディアス期のシエンティフィコスによる独裁体制をつくりあげた者、石油産業国有化に反対した者、一九五八年に鉄道労働者、一九六八年に学生を大量虐殺した者は、すべて同じ穴のむじなである。現在も、その連中はわれわれからあらゆるものを根こそぎ奪い取っているのである。[*47]

このようにEZLNは、みずからの民族性（エスニシティ）をメキシコの国民性と対峙させることなく、みずからを正統なるメキシコ「国民」の文脈で捉えており、その国民の一部である先住民を抑圧する権力者たちこそ「非国民」的だとする論理のコペルニクス的転回が見られる。これは、それまで白人・混血系の権力者たちが先住民を「国民国家」のなかに取りこんでいくための文化的手段として利用してきたメキシコ「国民史」と「国民」概念を先住民の側から読みかえ、みずからの政治的主張を社会的に正当化するために意味転換するものである。このことは、「蜂起した戦士たちが愛し、敬意を抱く祖国と（メキシコの──小澤）三色旗はわれわれのものである」という言葉からもうかがえる。[*48]

そうしたうえで、EZLNは「独裁体制を支えるメキシコ連邦政府軍に対して宣戦布告」し、革命軍の権利と義務に対する法、革命的農地法、女性にかんする革命法、都市改革法、労働法、産業・商業法、社会保障法、裁判法など、具体的な法改正案を示した。[*49] こうした改革を求める背景には、一九九四年時点のメキシコにおいてもっとも富裕な二〇パーセントの社会層が総所得の五四・五パーセントを占め、逆にもっとも貧しい二〇パーセントの層（チアパスの先住民農民は、この層に属する者が多い）は総所得のわずか四・四パーセントを得ているに過ぎないという貧富の格差のさらなる悪化があった。[*50]

ラカンドン密林宣言に見られる初期のサパティスタ闘争の特色は、「宣戦布告」という言葉にも象徴されるように軍事的対立を厭わない点である。彼らが「解放闘争のための軍事勢力としてサパティスタ民族解放軍を編成」し、「この戦争が最後に残された正当な手段であると認識している」うえに、みずからの要求が受け入れられるまで「戦いをけっして止めない」と宣言していることからも、その覚悟がうかがえる。[*51]

また、彼らがメキシコ国軍に対してゲリラ戦を挑み、「制服の色として、ストライキで決起して戦う労働者人民のシンボルである赤と黒を採用」し、同色の軍旗を採用していることから、ニカラグアのサンディニスタ革命の影響も見てとれる。[*52] かつて、メキシコ革命の影響を受けて反米ナショナリズム運動を展開したサンディーノが時代を経てサンディニスタの戦いのシンボルとなり、さらに戦うサンディニスタの姿がふたたびメキシコのサパティスタに影響を及ぼしているさまは、不思議な歴史のめぐり合わせというほかない。

この決起宣言を実行するため、NAFTA協定が正式に発効した一九九四年一月一日、目出し帽をかぶり、「正装」した約八〇〇人のEZLNゲリラがサンクリストバルにはいり、続いてオコシンゴ、アルタミラーノ、ラス・マルガリータスの町々も占拠した。こうして、彼ら自身の言葉を借りるならば、「いつも死者である」ことを余儀なくされてきたチアパス先住民たちが「今回は生を勝ちとるために」立ち上がったのである。*53

2　マルコスと政治組織としてのEZLN

サパティスタの武装蜂起は、メキシコや近隣諸国の人びとを戦慄させた。かつてのカスタ戦争が二一世紀を間近にひかえた現代に復活し、民族間の血なまぐさい衝突と殺りくがふたたびくり返されることが不可避であると考えられたからである。ところが、その後のサパティスタの動向は、そうした大方の予想を覆すものであった。「メキシコ国民を抑圧する権力者」たちに「宣戦布告」し、実際に武器を取ってメキシコ軍と戦火を交えるかたちでその姿を現したサパティスタは、ほどなくして戦争を望まない政治集団として活動する意志を明確にしたからである。運動遂行のために誘拐などの犯罪行為を行ったり、物資や人員の強制的な徴収・徴集もせず、組織から離脱する者に対して制裁を加えることもないこの「平和的武装集団」（ただし、EZLN側からの一方的な武装解除は、逆に民族絶滅戦争を誘発する恐れがあるため、実現していない）は、やがて世界中から注目を集めることになった。

こうしたサパティスタの政治戦略にきわめて大きな影響を与えているのが、EZLNの事実上のブレイン役を果たしているマルコス副司令官である。彼はラディーノ（自称メスティーソ）でありながら、一九八〇年代前半ごろからラカンドン密林にはいって先住民とともに暮らし、その生活と権利を守るために彼らと共闘することを決意した「混血のインディオ」である。みずから「単なる一スポークスマン」であるとして副司令官の地位に留まり続けているものの、マルコスの知性と政治能力は先住民構成員の多数派から圧倒的な信頼を得ている。メキシコや世界に向けて発せられるEZLNの印象的なメッセージのほとんどすべてが、この人物の言葉と表現を介したものである。

メキシコ政府は、謎に包まれたこのカリスマ的リーダーの正体が、タマウリパス州タンピコ市の中流階層出身で、教師として働く両親を持ち、みずからもメキシコ国立自治大学で哲学や教育について学んだあと首都自治大学で大学教員をしていた、ラファエル・ギジェンであるとしている。これに対してサパティスタ側は、「いまマルコスと名のっている人物のかつてのアイデンティティは、彼にとっても、EZLNにとっても、メキシコ全体にとっても、もはや存在していない」とし、「マルコスは一〇年ほどまえにラカンドンの密林のなかで生まれたのであり、それ以来彼は、チアパスの先住民の側に立って生き、食べ、飲み、戦ってきている」と回答している。[*54]

18 「メキシコよありがとう…」インターネット上で公開されたマルコス副司令官と支持者たちの画像（www.submarcos.org）

いずれにせよ、このマルコスと名乗る人物を中心とするサパティスタが、白人・混血に対する歴史的な憎悪を前面に押しださず、運動の目的遂行を達成するためのきわめて現実主義的な戦略を展開し始めたことは重要である。彼らは、メキシコ政府に早急な対応を迫るために欧米諸国のマスメディアと友好的な関係を維持し、メキシコ政府に外圧をかける努力も怠らない。さらに、各種印刷物やインターネットを通じた情報公開および連帯への呼びかけを通じて、先住民の「人権」や「民主主義」の擁護を世界に向けて広く訴えている。この点で、サパティスタは高度に政治的であると言え、これまで欧米諸国で定着していた「単純・素朴」で「粗雑・野蛮」な先住民組織のステレオタイプを破壊し続けている。[*55]

マルコスは、先住民の民族性を強調してメキシコ「国民」の枠組を破壊するのではなく、むしろみずから「国民」の論理の内部へと入りこみ、その概念を白人中心の統合主義的な

「混血国民」からずらし、文化的多元性の容認される新たな「国民」概念——あるいは「市民社会」的国家——に創りかえようとしているように思われる。そのために必要なことは、いかにして白人・混血をふくむメキシコの多数派から政治・社会的同意を獲得するかがカギとなる。マルコスがこのことを重視していることは、以下の発言からもうかがえる。

もしサパティスタ民族解放軍が軍隊的な武装組織として永続するならば、それは失敗に終わるでしょう。さまざまな理念のうちの選択肢としての失敗、世界に向き合う姿勢の選択としての失敗です。そして、それとは別に、起こりうる最悪のことは、権力を手中におさめ、一個の革命軍としての座につくということでしょう。わたしたちにとって、それは失敗なのです。六〇年代・七〇年代の政治・軍事組織にとっての成功は、（その時代のさまざまな）民族解放運動にともなって生じたものですが、わたしたちにとっては失敗でしょう。わたしたちは、それらの政治・軍事的勝利が、結局は、勝利のみせかけの裏で、失敗であったり糊塗された敗北であったことをみてきました。つねに未解決のままに残ったのは、ふつうの人びとの場、市民社会の場、民衆の場でした。結局つづいているのは、二つのヘゲモニー（覇権—小澤）の間の論争です（中略）権力を獲得した方が善いヘゲモニーで、権力を失った方が悪いヘゲモニーというわけです。しかし、社会の残りの人びとにとってみれば、ものごとはその根本的なところで変わってはいません。[*56]

ここで注目すべきは、武装ゲリラ集団として誕生したEZLNが、国内外の社会的同意を獲得するためにすみやかに軍事的組織から脱却する必要を強調していることである。その運動の目的は、権力者を打倒してそれに代わる「革命政権」という名の新たな権力者となることではなく、他者と共存する「市民社会」の実現に置かれている点も興味ぶかい。そして、六〇〜七〇年代のラテンアメリカ史から学び、特定の民族集団の「政治・軍事的勝利」は往々にして「本当の勝利」ではなく、かぎりなく繰り返される権力闘争のなかの一時的な勝利に過ぎないと批判的に述べるとき、マルコスの脳裏に浮かぶのはサンディニスタ革命を始めとする中米・カリブ諸国の歴史的経験である。

インタビューのなかで、マルコスは次のように答えている。

おおげさな軍事行動によって権力と勝利を手にするということは、かつての時代に成功を収めたゲリラ戦争とのかかわりあいで言えば、キューバ革命とニカラグア革命がまさしくそうした事件だったでしょう。そのときの環境はわたしたちを現実に引きもどします。あらゆる革命は犠牲を生みだし、犠牲を払ってもよいとする者だけが革命を遂行しうるということをわたしたちに教えてくれます。まず最初に、その当時の人びとは革命を遂行するために狂い、愚かにならなければいけなかった（中略）わたしたちは、それとは異なった方法により、異なった場所で、――必ずしも革命的な変化ではない――変革をもたらすよう努力してきました。[*57]

この言葉から分かるとおり、マルコスはキューバやニカラグアにおけるゲリラ闘争をそのまま継承するのではなく、目的達成のために人びとの生命を犠牲にすることもいとわないような従来の「革命か死か」の二者択一を批判し、それとは異なる新たな改革運動を標榜している。これは、EZLNの運動が「カスタ戦争の再来」でないことはもちろん、ラテンアメリカで行われた過去の「血なまぐさい革命運動」とも異なった性質の運動であることを強調し、サパティスタが好戦性のない政治組織であることをメキシコ社会や世界に強く印象づける内容となっている。

このマルコスの思いは、次の言葉のなかでさらに明快である。

わたしたちはメキシコとメキシコ国民について話しているのだ。わたしたちはわたしたちのあいだにある国境線を意識しながら、つぎのように言わなければならない。わたしたちの戦いは中米にとってのノスタルジアではない。ニカラグアやエルサルバドルにとってのノスタルジアでもない。[*58]

一方ではキューバ・ニカラグア・エルサルバドルのゲリラ闘争の影響を受けていたマルコスが

このように述べた背景には、サパティスタの運動がほかの革命組織や運動に操られているのではない主体的で独自性の強いものであると強調する意図があった。

マルコスは、これまでの中米史において展開されたさまざまな闘争を参考にし、EZLNが単独で恒久的な勝利を手にしようともくろむことは思想的にも運動論的にも誤りであると認識しており、みずからの政治目標の達成はほかの社会的マイノリティ集団との共存を基盤にした「市民社会」の実現を通じてしかあり得ないと自覚している。一九八〇年代以降のメキシコにおいて、人権擁護組織、政治的民主化や選挙管理を求める市民組織、平和組織などがつぎつぎと誕生していたこともこの考えに影響を与えたことだろう。[*59]

それでは、なぜ他のマイノリティ集団との連帯を重視するのであろうか。もちろん、「市民社会」の実現のためには、近代国家の枠組みのなかで周辺化されてきた少数派集団を救済することが重要であるし、EZLN自身もそうした少数派集団の一つである。しかしながら、マルコスの場合、変革を求めて戦った過去の革新組織とその運動に対する徹底的な研究と批判のうえに成り立っている点にその特色がある。

たとえば、従来の左翼との違いについて尋ねられたマルコスは次のように答えている。

……ラテンアメリカの革命的左翼がもっている二つの空白部分を指摘しておきましょう。

そのうちの一つは、先住諸民族、つまりわたしたちが関与している空白であり、もう一つはおそらくさまざまなマイノリティです(中略)ゲイ、レズビアン、性転換者といったこれらのセクターは、六〇年代・七〇年代のラテンアメリカ左翼の諸言説によって排除され、いまなお現に排除が成功しているだけでなく、当時はマルクス=レーニン主義であったような理論的枠組が無視し、抹殺しようと意図してきたものです。[*60]

さらに、次のように述べる。

あらゆる前衛は自分をマジョリティ(多数派)の代表と考えています。わたしたちの場合、そのようにふるまうことは虚偽であるだけでなく、最良の場合でもよき欲望以上のものではありませんし、最悪の場合には明らかな地位さん奪行為です。諸社会勢力が競合しはじめるとき、前衛は前衛などではないことが明らかになり、代表者たちが自分たちを、彼らが代表している人びとの一員と認識していないことが明らかになります。サパティスタ民族解放軍は前衛であることを放棄していますし、みずからが位置する現実の地平を認識しています。[*61]

このようにマルコスは、これまでの左翼組織の失敗を、社会的弱者である「マジョリティの代表」を名乗りながらも、実際には多様なマイノリティ集団——その代表格が先住民集団である——を切り捨ててきた点に見いだしている。サンディニスタ政権とミスキート族との抗争は、まさしくこうした問題が顕在化した典型的な例だと言えよう。マルコスはその失敗に学びながら、マイノリティ諸集団の連帯による大衆運動を展開しようというのである。もしさまざまな社会的弱者の連帯によって「市民運動」が展開されるならば、メキシコはもはや既存の統合主義的な「混血国民」国家などではありえず、同時に対抗的集団による新たな統合主義的国家にもなりえないのであり、多元主義にもとづいたこれまでとまったく性質の異なる「国民」国家に様変わりせざるをえなくなる。

マルコスが提示するこの「社会的マイノリティ諸集団によって構成されるメキシコ国民国家」の概念は、当初からサパティスタが目ざす理想的な社会（あるいは国家）の中核に据えられていた。たとえば、一九九四年五月二八日づけの意見書において、マルコスはみずからの立場を「ホモセクシュアル」「ゲイ」「フェミニスト」「南アフリカの黒人」「イスラエルのパレスチナ人」「ドイツのユダヤ人」「冷戦後の共産主義者」「ボスニアの平和主義者」などに例えたうえで、「つまるところ、マルコスはこの世界におけるいかなる人間でもあり得る。マルコスは、社会に受容れられず、抑圧され、抵抗し、怒りを爆発させ、〈もう、たくさんだ！〉と言っているあらゆる少数派を代表する」と主張している。[*62]

このように、既存の「国民国家」の枠組やその論理の内部に入りこみながらも、それに取って代わる新たな権力者への道を放棄し、メキシコをその内部からまったく異質な「国民国家」へと作り変えようとするマルコスの戦略はじつに巧妙である。抑圧されたほかのマイノリティ集団と手を結んでチアパスの先住民農民を解放し、ともに「メキシコ国民」としての自由と権利――EZLNの公式声明の多くは「民主主義！　自由！　正義！」という言葉で締めくくられる――を獲得するという論理の前では、これまで先住民運動を「非国民」と位置づけて抑圧してきたエリート層や保守派は、EZLNに対する暴力の正当性を失うことになる。

こうしたEZLNの改革を求める運動に対して有効な対応を行うことができず、さらに不正選挙、実兄の麻薬取引への関与、PRI内における後継候補の暗殺などの疑惑がかけられたサリナス大統領は、九四年の任期を終えるやいなや国外へ逃亡した。その後継者となったエルネスト・セディージョ大統領（在一九九四〜二〇〇〇年）も、サリナス以来の経済危機を好転させることができず、EZLNとの関係もいったんは「サンアンドレスの合意」（九六年）によって先住民の権利と文化の尊重を約束して歩みよりの姿勢を見せたが、この約束が人びとの納得するかたちで実行に移されることはなかった。こうしたなか、メキシコ社会におけるPRI離れが顕著となり、二〇〇〇年の大統領選でついにPRIは敗北し、メキシコ革命期以来の一党支配体制に終止符が打たれることになる。

3　サパタとサパティスタ

PRIを追いつめたEZLN運動の象徴となっているエミリアーノ・サパタは、彼らにとっていかなる存在であったのだろうか。EZLNの武装蜂起以前に、すでにサパタは先住民や貧農にとって抵抗のシンボルとなっており、じっさいにはサパタと直接的な歴史的関係を持たないチアパスにおいてOCEZのようなサパタの名を冠した農民組織も存在していた。直面するさまざまな問題のなかで、チアパス先住民農民の日常生活にとってもっともさし迫った問題が農地や共同地など土地の喪失であったことからも、貧農への土地の分配を重視した「英雄」サパタが組織のシンボルと化したことは理解しうる。

たとえば、九四年四月一〇日、サパタ将軍の暗殺から七五年の命日、およびEZLNの武装蜂起一〇〇日目を記念する声明のなかで次のように述べられている。

一九一九年にそうであったと同じように、サパティスタは〈土地と自由を!〉と叫ぶ代償に血を流さなければならない。一九一九年にそうであったと同じように、最高政府はわれわれの反逆の心を消し去るために、われわれを殺す。一九一九年にそうであったと同じように、土地は耕す人のものになっていない。一九一九年にそうであったと同じように、不正な政府が土地なき人びとに選択を強いる唯一のものが武器である。[*63]

ここでは、サパタ時代の農民の土地をめぐる状況とサパティスタの直面する状況が同一視され、サパタの戦いとサパティスタの戦いの歴史的連続性が強調されている。

同日に発せられた声明のなかでは、さらに次のように述べられている。

名前なき私たちは新しく名前を持ち、顔なき私たちはふたたび顔を持った。われらが父、エミリアーノ・サパタがその苗字をくれた。われらが兄、エミリアーノ・サパタがその武装せる模範例を示した。われらが息子、サパタがわれわれに新しい未来を求めた。わが戦士としての歩みをその旗がつつむ。わが大地におけるエミリアーノ・サパタ、わが歴史の尊厳、われらが夜の光、われらが希望の変わることのなく澄みきった朝。[*64]

つまり、サパタはサパティスタの家族の一員であると同時に、その戦いの行方を見守り、彼らの未来と希望を指し示す神聖なる存在だというわけである。

サパティスタにとって人びとの身近にありつつ神々しさを放つこのサパタ像は、おおげさに飾り立てられた気まぐれな修辞上の表現ではない。この頃までに、サパティスタを構成する先住民のあいだでサパタはたんなる「国民的英雄」ではなく、先住民の土着信仰や神話と結びつけられ、ボタン・サパタという名で神格化されていたからである。ボタン・サパタは、どこからともなく現れ、つねにその姿を変えながら、人びとと苦悩を分かち合い、人びとを守護する、生死を超越した神である。この神格は、しばしば山——EZLNの活動拠点でもある——の神聖性と重ね合わせられる。

「老アントニオ」と呼ばれる先住民の長老らによって語りつがれたとされる神話のなかで、この神格はつぎのように描写されている。[*65]

ボタン・サパタ、人びとの守護者にして心。ボタン・サパタ、遠方からきて、われわれの土地で誕生した光。ボタン・サパタ、われわれプエブロのあいだでつねに新しい名前で呼ばれる。ボタン・サパタ、われわれの死のなかで五〇一年も生きてきた慎ましい火。ボタン・サパタ、変わる名前、顔を持たない人、われわれを護る柔らかい光。ボタン・サパタ、こちらに向かってきた。いつもわれわれとともにある死だった。彼が死ねば、希望も死ぬ。[*66]

このようにボタン・サパタは、先住民の「抵抗の五〇〇年」を見まもり続けてきた神であり、その時々に応じてつねに顔や名前を変え人びとの前に姿を現す。この神話の内容が、エミリアーノ・サパタによって「名前なき私たちは新しく名前を持ち、顔なき私たちはふたたび顔を持った」とする既述のEZLN公式声明に反映されたことは疑いない。この特定の名前や顔を持たないボタン・サパタの存在は、ときに偽名を使用し、目だし帽で顔を隠したサパティスタ構成員自身をイメージさせる。サパティスタ自身が、ボタン・サパタであるかもしれないのである。

これまでボタン・サパタは、次のような人物に姿を変えてきたと伝えられている。

ボタン・サパタはミゲルとなって見つめた。エル・パハリートとなって歩んだ。ビセンテだった。ベニートと名乗った。エル・パハリートとなって飛びまわり、エミリアーノとして馬にまたがり、フランシスコとして叫び、ペドロの服を着た。われわれの大地では、ボタン・サパタは死にながら生き、名前を持たない名前であった。*67

ここで言及されている「ミゲル」「ホセ=マリア」「ビセンテ」とはそれぞれ独立戦争のリーダーであるイダルゴ、モレロス、ゲレロ（イダルゴ、モレロスの運動を継承した人物）のファースト・ネームであり、同じように「ベニート」「エミリアーノ」「フランシスコ」はそれぞれフアレス、サパタ、ビリャを指している。「エル・パハリート」と「ペドロ」が誰を指すのかについては明確ではないが、おそらくチアパスにおける先住民運動や反乱の途中で命を落とした殉死者を意味していると考えられる。*68 すなわち、ボタン・サパタは、これまでさまざまな国民的英雄やチアパス先住民の英雄に姿を変えてきたのであり、この次いかなる姿のいかなる英雄になって出現するかは誰にも分からない。ときに「ボタン・サパタはわれわれの旗印を掲げて行進しているものすべてである」と表現されていることからも分かるとおり、サパティスタやその思想や運動を支援する誰もがボタン・サパタである可能性を秘めているということになる。[*69]

このボタン・サパタの神話は、EZLNが組織内に存在する多様な構成員のあいだの連帯を強化し、周辺の先住民共同体からの支持を得るためのEZLNの政治・文化的戦略のなかから生み出されたものである。マルコスは、祖国に先住民の存在を忘れさせないようにするには、武力に訴えるとともに、独立の英雄、祖国の建設者、革命の英雄を召喚し、新しい言語体系を作り出さなければならなかったとし、そのうえで「サパティスタの新しい言語を構築するため、古いもの、先住民の歴史伝統、その文化伝統に依拠することにした」と告白している。[*70]

これは言語・文化的に必ずしも一枚岩的であるとはいえないチアパス先住民の現状をふまえ、EZLNはたがいに共有しうる思想・運動の象徴を創りだす必要に迫られていたことを示唆している。さらにその思想・運動は、白人至上主義的なメキシコ「国民国家」に対する先住民の反感や憎悪をあおり立て、新たなカスタ戦争を引き起こすようなものであってはならなかった。ボタン・サパタ神話は、マルコスらが先住民と交流しながらその信仰や神話や英雄伝について知り、またその「長い闘争の歴史と経験を持つ、抵抗力がありかつ賢い」政治・歴史意識から学びながら、そのなかに多くの白人・混血層が信奉するメキシコ国民史のエッセンスを混交させることで誕生したものなのである。[*71]

そして、この両者を結びつける存在こそが、先住民農民のために戦い、同時にメキシコ「国民国家」を語るうえで不可欠なメキシコ革命の英雄でもあるサパタであった。換言すれば、「国民的英雄」サパタを「マヤ化」・「チアパス化」するために、ボタン・サパタは創造されたのだと言えよう。[*72] こうしてサパタは、サパティスタにとって国民的英雄であり、また神でもあり、同時に自分たち自身をも意味する確固たる偶像となったのである。

チアパス先住民の柔軟性に満ちた文化や世界観も、こうした新たな神格の受容を可能とした。EZLNを構成する相互の独自性を認め合った七民族はツォツィル、ツェルタル、トホラバル、チョル、ソケ、マム、メスティーソであるが、このなかに「メスティーソ」が入っていることに注目すべきであろう。サパティスタ先住民たちは、それまで強制されてきたメキシコ「混血国民」概念さえもみずからの多元主義的な価値観のなかに取りこんでいるのである。初期のEZLNがサパティスタのみが「真の人間」であるとする公式声明を発した際には、その言い分が多元主義的な価値観とは合わない、自己中心的で排他的な主張だとして先住民側から批判されたこともあるほどである。[*73]

このように、ボタン・サパタ神話は、先住民の世界観や価値観を尊重しながら、EZLNの思想や戦略に対する理解を求め、これに対する先住民の連帯や共闘を創出するための重要なシンボルの一つとしてEZLNによって創出されたものであり、EZLNとその支持者である一般の先住民たちをつなぐ架け橋の役割を果たしている。この神話のなかでメキシコの「メスティーソ(混血)」は先住諸民族と共存しうる一民族と位置づけられ、EZLNが目ざす多元主義的なメキシコ市民社会への道筋がつけられた。これによって、統合主義的なメキシコ「国民」概念の象徴であった「混血」の概念は、まったく異なった性質のものに読みかえられることになった。

四――サパティスタ運動の現場から

一九九七年までには、「サパティスタの大義」支援市民ネットワーク(RCACZ)やサパティスタ民族解放戦線(FZLN、九七年に八万人規模の市民運動を成功させた)など、EZLNを支持する白人・混血の市民組織が次々と誕生した。とくに、FZLNはEZLNに関する書籍、ビデオ、Tシャツ、キーホルダー、コーヒーや刺繡品といったチアパスの特産品を売るなど、支持層を拡大するための努力に余念がない。[*74]

二〇〇〇年までには、メキシコをはじめ、日本、アメリカ、カナダ、フランス、ドイツ、スペ

19　EZLNと支持者の反政府集会（1999年３月10日、筆者撮影）

イン、イタリア、アイルランド、オーストラリアにおいて、インターネット上にＥＺＬＮの支援組織によるホームページが開設され、これらがサパティスタ運動の動向を世界に伝える役割を果たした。[*75] サパティスタは、当初からインターネット戦略の効果を計算し尽くしていたわけではないが、こうしたネット上での支援活動を公認もしくは黙認することによって、自分たちの国内および国際的舞台における政治活動の可能性を拡大していった。[*76] その国内における具体的な政治活動の例として、ここではＥＺＬＮ蜂起五周年に首都メキシコ市で展開されたサパティスタ運動に焦点をあててみたい。

一九九九年三月一〇日、メキシコ市のソカロ（中央広場）でＥＺＬＮとその支持派による草の根の反政府集会が開かれていた。サパティスタおよびその支持派の人びとは、広場の中心に悠然とひるがえる巨大なメキシコ国旗の真下に先住民文化をモチーフにした色鮮やかな砂絵を描いて陣どり、先住民の人権と自治を踏みにじり、彼らに対して「民族絶滅戦争」を行っているとしてセディージョ政府を非難した。これに財政問題で政府との対立姿勢を強めていた学生組織や労働組合の代表者も加わり、全体で数百人の集会となった。仮設ステージ付近には、貸し切りバスで乗りつけた目出し帽のEZLN構成員や伝統的民族衣装を着飾った先住民女性や子供の姿も見られた。*77

しかしながら、現場いっぱいに満ちあふれた先住民的いろどりとは裏腹に、つぎつぎと壇上に立った演説者たちは、先住民の視点から白人・混血民あるいは西欧的価値観そのものに対する非難や憎悪を述べることはいっさいなく、むしろ自分たちこそが西欧的な「民主主義」「自由」「正義」の忠実な実行者であると強調した。そして、正統なメキシコ「国民」として、政府側の「反民主主義」的で、「独裁」的で、「不正義」で、「反国民」な行動を批判し、これに対抗する国民的運動を呼びかけたのである。

このときのEZLNの公式見解は、この集会の参加者や通行人に無料で配布されたFZLN発行の機関誌『アナワクの声』（第四一号）の内容に呼応している。*78 その主な内容は、EZLNの五年にわたる抵抗の歴史を総括したもので、メキシコ政府による先住民の抑圧や虐殺に対する非難、先住民の人権と自治に対する要求などを掲載している。このなかでEZLNは、みずからの政治的主張の正当性を創出するために、自分たちが平和的なメキシコ「国民」であり、同時に国際社会との友好を重んじる開かれた集団であるというイメージを醸し出すレトリックを多用している。

まず、この機関誌の第一面では、目だし帽に帽子姿のEZLN兵士の話す言葉から鳩(平和を意味する西洋のシンボル)が飛び立つイラストが描かれ、EZLNが平和的な組織であることを読者に印象づけている。また、メキシコ政府がEZLNの主張を支持する外国人たちを「革命的旅行者」として国外に追放していると批判したうえで、「チアパスでは、戦争と破壊を止めようとする外国人は歓迎される」と主張し、みずからの平和性と国際性をアピールしている。この発言には、影響力の強い外国のマスメディアを見すえて、国際世論を自陣に引きこもうとするEZLNの意図が見てとれる。[*79]

そして、政府の先住民に対する「絶滅戦争」に対し、次のように主張する。

政府による死という安価な商品は、サパティスタによって買われなかった。その絶滅戦争に対して、私たちは私たちの側からの戦争を対置させない。その破壊に対して、私たちは破壊をもってこれに対抗しない。その死に対して、死をもって応えない。[*80]

すなわち、EZLNは自らを好戦的な「テロリスト」ではなく、極めて平和的な集団であると し、国家によってもたらされる暴力行為に対して、けっして暴力をもって報復しないことを宣言 している。彼らは、国内外の世論の眼前で和平と不戦を宣言して支持者を増やし、国家からより 効果的な政治的譲歩を引き出そうとしているように見える。

また、EZLNは、メキシコ政府の「間違った」経済政策や「破壊的な」戦争行為に対して、 これを「すべての市民に反し、歴史に反し、現実にさえ反している」とし、その「非国民」的で、 「独裁的」な性格について「支配者たちは、国旗や国章まで私物化するだろう」と批判する。[*81] し かし、同時にEZLNは、運動の目的が「私たち(サパティスタ―小澤)に権力を生じさせるも のではなく、また政府職を得ようとするものでもなければ、自分たちを政治的な寄生虫に変えよ うとするものでもない。私たちは施し物や金の貸し付けのために立ち上がったのではないし、領 地の支配やメキシコからの分離を欲してはいない」と述べ、自集団に対する特別待遇を求めない と強調した上で、ここでも「マイノリティがつくる国民」像を強調することを忘れない。

私たちの主要な要求は、すべてのメキシコ人男性と女性のためにインディオ民衆の諸権利、 民主主義、自由、そして正義を承認することである。一〇〇〇万人以上のメキシコ先住民がこの要求を私たちと共有しているだけでなく、私たちとともに数百万もの男たちや女たち、労働者、農民、失業者、教師、学生、芸術家、知識人、小作人、主婦、ホモセクシャルやレズビアン、身体障害者、エイズ患者、退職者や年金生活者、修道士や修道女、運転手、行商人、小企業家、パイロット、船乗り、下院議員、上院議員、外国に住んでいるメキシコ人たち（中略）が歩んでいる。[*82]

ＥＺＬＮが呼びかけているのは、セクシュアリティ、ジェンダー、職業、階級を越えた、あらゆる社会的弱者、あるいは社会的マイノリティ集団を含むメキシコ「国民」である。さまざまな社会的弱者と連帯し、広範な社会的同意を創出しようとするこの日のＥＺＬＮは、民族（エスニシティ）を基軸とした主張を自粛し、メキシコ世論の支援を取りつけるためにみずからの「平和主義」や「民主主義」をアピールすることに終始した。「国民」の論理を身にまといつつ、国内のあらゆる組織や集団との連帯を呼びかける彼らの姿には、「私たち」の先住民文化を「彼ら」の白人・混血文化に対峙させるような単純で二項対立的な構図はまったく見られない。

このソカロ集会の前後数日間、ＥＺＬＮはメキシコ市で先住民に対する生活の保障や人権尊重を求める数々の演説やデモを行い、先住民に対する「絶滅戦争」の是非などに関するアンケート式の「国民諮問」を行った。その結果として、ＥＺＬＮ側は、政府が先住民により留意した国民政策を行うべきだとする主張に全体の九七パーセント、先住民の人権保護に関しては全体の九六・二パーセントを占める賛成票が投じられたこと、チアパスにおける和平を望む声が全体の九五・五パーセントに達したと公表した。[*83]

サパティスタのこうした地道な運動は、牛歩ではあったが少しずつメキシコ社会に認知されていった。もちろん、メキシコ政府側がすぐにEZLNのすべての要求に応えたわけではない。七〇年以上にわたって続いたPRIの一党支配が崩壊し、新たに国民行動党（PAN）のビセンテ・フォックス（在二〇〇〇〜〇六年）が大統領に就任したあとも、チアパス先住民の暮らし向きは上向かず、サパティスタの要求の多くも受け入れられなかった。かつてコカコーラ社のラテンアメリカ地域における代表を務めていたフォックスが、サパティスタが批判するような新自由主義の名のもとで進行する欧米多国籍企業のメキシコへの進出と、それにともなって創出されるメキシコ農民のさらなる貧困化を深刻に受け止めているかどうかは明確でない。

それでも、サパティスタの草の根運動は、確実にその効果を現しはじめていた。二〇〇一年には、「サンアンドレスの合意」の実現、先住民の諸権利の尊重と法制化、政府側からの軍事的圧力の停止、拘留されているサパティスタ構成員の解放などを訴えるサパティスタは「先住民の尊厳のための行進」を行い、同年三月一一日にその代表団がメキシコ市ソカロに到着したとき、支持派をふくめた八万人とも推計される巨大な群衆がこれを迎え入れた。そこには、サパティスタ代表団をテロから守るために「人間の盾」となって随行する多くのメキシコ市民や外国人市民運動家の姿も見られた(国際赤十字もこの行進に同行する意志を表明したが、フォックス政府がこれを拒絶した)。そして、この群衆の前でEZLN代表団は、対話を拒み続ける政府を非難し、国会においてみずからの立場と要求を表明し、議員たちと直接的に意見交換を行う機会を求めた。当初、国会側はこの要求を拒絶する姿勢を示したが、やがて国内外の世論に押されてこの要求を受諾することになる。

二〇〇一年三月二八日、ついにサパティスタを率いる先住民司令官たちが、目出し帽とゲリラ服という彼らの「正装」のままで国会にはいり、EZLNの思想と要求についてそれぞれ演説することが許可された。そのなかでも、とくにダヴィド司令官と女性のエステル司令官の演説は印象的である。

ダヴィドは、メキシコはもちろん、南北アメリカ大陸のすべての国民国家の起源が「大地とおなじ肌の色をした」自分たち先住民であると高らかにうたい、先住民たちは独自の法・統治者・聖職者・神・寺院・宮殿・軍隊を有して暮らしていたにもかかわらず、外国人によって征服され、すべてが破壊され、富が奪われ、奴隷化させられ、五〇〇年にわたって従属と辱めを受けつづけた受難の民であることを強調した。そのうえでダヴィドは、自治や自己決定にかんする権利を主張しながら、その実現によってのみ「メキシコ人が熱望する正義と尊厳をともなう平和を構築する」ことが可能になると熱く語りかけた。[*84]

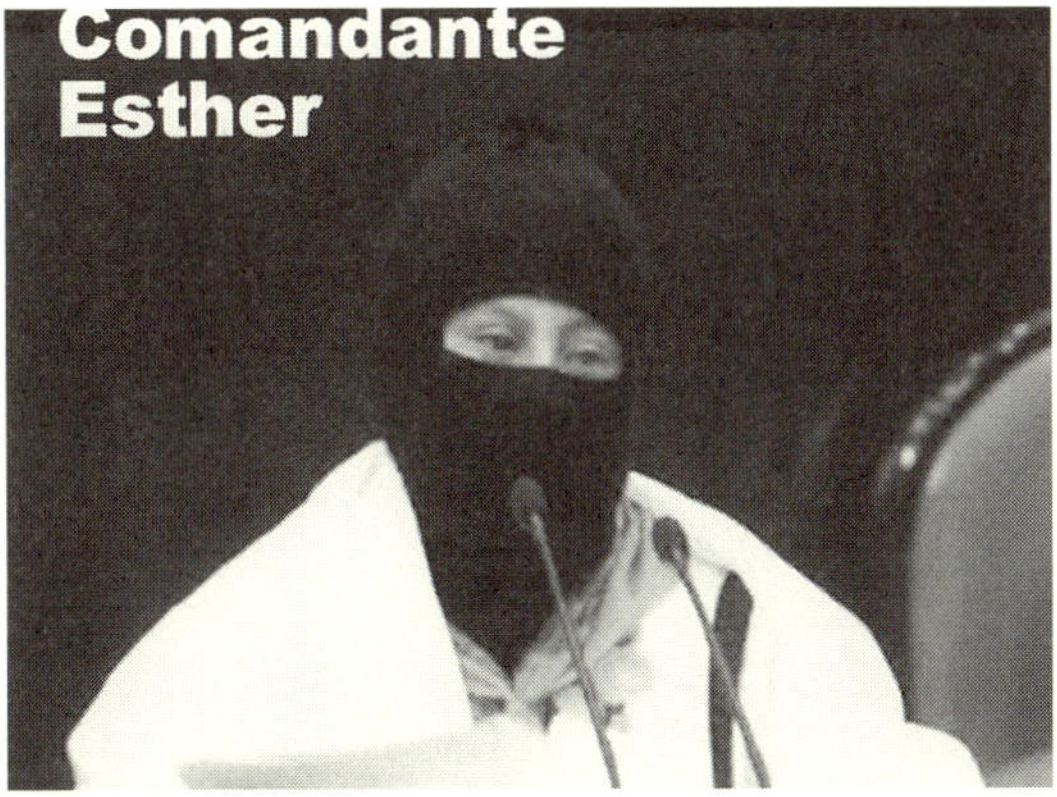

20　エステル司令官（www.submarcos.org）

また、エステルは、「われわれは誰かを辱めるためにやってきたのではありません。われわれは、誰かを打ち負かしたり、誰かの地位を奪ったり、法律を制定するためにやってきたのでもありません。あなたがたにわれわれの話を聞いてもらい、われわれがあなたがたの話を聞くためにやってきたのです。われわれは対話のためにやってきたのです」と主張し、まず話し合いによって相互理解を深める重要性を指摘した。そして、こうした「真実の言葉」は先住民自身の意志によって語られるのであり、「単なる一副司令官」に過ぎないマルコス副司令官によって一方的に操られているわけではないと明言した。[*85]

さらにエステルは、自分のようにもっとも立場の弱い

「貧しく、先住民であり、サパティスタである女性」がメッセージを発することの重要性について強調する。おなじ先住民のなかでも女性の立場は男性に比べてさらに弱く、土地の所有や職業選択にかんする自由や権利が制限されていると訴える。エステルによれば、家庭を守る存在としての女性こそが、「出産の痛みを感じ、栄養失調になった腕のなかで子どもたちの死を見つめ」、もっとも間近で「お金がないために着る服もない裸足の子供たちを見つめ」続けなくてはならない苦痛を背負うのだという。さらに、ラディーノや富裕者たちが、先住民女性の服装・言語・信仰・治療方法・肌の色を侮辱していることを非難し、先住民女性の人間としての尊厳の重要性について聴衆に問いかけた。*86

エステルは、演説の最後をつぎのように結んでいる。

インディオ民衆とともにあれ！ メキシコ万歳！ メキシコ万歳！ メキシコ万歳！ 民主主義！ 自由！ 正義！

メキシコ国会におけるこのような内容をふくんだ先住民からの問いかけは、メキシコのみならず世界の人びとに感銘を与えた。そのメッセージは、いわゆる「先進国」あるいは「文明社会」においてもいまだに実現されているとは言いがたい、社会的弱者の視点を反映する、新しい多元主義的な平和国家（社会）づくりへの呼びかけだったからである。彼らのメッセージは五〇〇年のあいだ蓄積された憎悪を白人・混血民に浴びせかけ、メキシコ国民国家を根底から崩壊させ、そこから先住民が分離独立するためのものではない。誇り高き先住民でありながら、同時にメキシコ「国民」の一員として、主体的により良いメキシコ国家（社会）づくりに参加していきたいとする明確な意思表示であった。

このようにサパティスタは、ラテンアメリカの先住民たちを長らく呪縛し続けてきた「国民」という「不死身の怪物」に乗りうつり、その恐るべきエネルギーと力をわがものとして新たな社会づくりのために活かそうとしている。サパティスタがこの怪物にかけた魔法はいつまで効力をもちうるだろうか。その身体を完全に支配することは可能なのか。あるいは途中で目が覚めたこのモンスターの反撃を受けてサパティスタはひと息に呑みこまれてしまうのか。現時点でこのことを予見することは、きわめて困難であるといえよう。

五――「敗者」は勝利をもたらすか？

サパティスタの闘いはまだ始まったばかりであり、今後もさまざまな困難に直面し、紆余曲折を経ながら、彼らは目的に向かって闘い続けることになるだろう。彼らが成し遂げた国会における歴史的な演説は、ラテンアメリカ先住民の歴史に新たな地平を開拓する偉業であったと言えるが、同時にそれは先住民運動が新たな段階に突入していくうえでの第一歩に過ぎない。じっさいに、国会演説後にサパティスタが政府側から獲得したものは、必ずしも多いとは言えないのが現状である。

しかしながら、本格的な新自由主義時代の到来を印象づける一九九四年のNAFTA協定発効に対する反対を機に、五〇〇年の沈黙を破ってチアパスの先住民から発せられたより良い国家・社会づくりの提言と、その過程においてこれまで「歴史から消し去られてきた」社会的弱者たちが主体的に参加するという民主的なメッセージは、いまやラテンアメリカ諸国の改革派と共鳴しあいながら、その全域に響きわたっているかのようである。

九八年、ベネズエラの大統領に選出されたウーゴ・チャベスは、新自由主義的な巨大資本による石油産業などの経済支配を拒絶し、貧困者や先住民をはじめとする社会的弱者の救済を唱え、シモン・ボリーバルをベネズエラ国民とラテンアメリカ統合の象徴としながら、現在も「国民的人気」を博している。チャベスが演説のなかで、「先住民への配慮は人民（プエブロ――小澤）精神の基本である」ことや、革命（改革）のためであってもけっして死を選択してはならないとしたうえで「生きて、ベネズエラ、私たちの未来、人民のために勝利しよう！」と呼びかけている点などを考慮すると、マルコスとの思想的類似点は少なくない。[*87]

二一世紀に入るとこうしたラテンアメリカにおける変革の波はさらに拡大し、二〇〇二年にはブラジルにおいて反アメリカ・反新自由主義を掲げたこの国初の労働者階級出身のルイス・ルーラが大統領に当選（ただし、ルーラは〇六年に再選されるにあたり、反対派からは新自由主義に屈服したと批判されている）、その後もアルゼンチン、パラグアイ、ウルグアイにおいて次々と新自由主義に反対し、貧困者対策を重視する革新派の政権が誕生している。

〇五年には、これまでの白人・混血支配を打ち破るかのように、社会主義的な貧困対策を掲げたフアン＝エボ・モラレスが先住民として初めてボリビア大統領に就任した。その大統領演説において、モラレスが先住民、ボリーバル、ゲバラなどの民主主義を求める戦いを歴史的連続性のなかでとらえたうえで、その長い演説の最後を「マルコス副司令官が言ったのと同じ言葉になりますが、私はプエブロに服従して政治を行うという約束を果たします。私は、ボリビア共和国がボリビアのプエブロに服従するように命じます」と締めくくったのはじつに印象的であった。[*88]

また、〇六年にはミチェル・バチェレ候補が、離婚さえ容易ではない保守的なカトリックの国チリにおいて、無神論者のシングルマザーであるにもかかわらず、初の女性大統領に選出された。[*89]

21 **「永遠の勝利まで！」チアパス自治大学構内を走るバスに描かれた「英雄」たち**（ゲバラ〈右上〉、かつて貧民党を組織した伝説的ゲリラのルイス・カバーニャス〈左上〉、サパタ〈右下〉、マルコス副司令官〈左下〉、中田英樹氏撮影）

エステル司令官が述べているように、すでに家庭および社会生活において実質的なリーダーシップを握っていた女性が、ついに男性支配のぶ厚い壁を打ち破って中央政治の舞台に第一歩を踏み出したのである。

そして〇六年一一月、かつて敗北を喫したFSLNのダニエル・オルテガが、ふたたびニカラグア大統領選挙に勝利した。オルテガは、カストロやチャベスとの連帯や徹底した貧困者の救済を明言しながらも、元コントラの幹部であった人物を副大統領候補に指名するなど保守層も取りこんだ脱革命路線をとっている。ここにも、柔軟な政治戦略を通して社会的同意を獲得していったサパティスタからの影響が見てとれる。

これらの例が示すように、現在のラテンアメリカを覆い尽くしている改革の気運は、たんなる歴史的偶然として片づけられない。

ＥＺＬＮはみずからを市民組織と位置づけているため、他国の特定の国家権力と直接的な友好関係を築くことには慎重であるが、アメリカが開始したイラク戦争を「グローバリゼーションのもつ破壊的などん欲さ」によるものと批判し、地球全体で展開されている人間の尊厳を取りもどす闘いの一翼を担っていると明言している。また、みずからの闘争はメキシコ先住民に限定されるものではなく、バスクにおける民族闘争、アルゼンチンにおける民衆反乱、ベネズエラのチャベス政権下における主権をめぐる闘い、イラクの人民など「全世界の正当な闘争との連帯を表明」するなど、まさにこうした改革の波の中心部に位置していることは間違いない。*90

サパティスタのメッセージが多くの人びとの心をとらえるのは、彼らが過去の歴史と向きあい、苦悩・格闘しながらそれに学び、みずからを解放するのと同時に他者と平和的に共存する道を模索しているからではないだろうか。言い換えれば、社会改革を実現しようとして失敗し、敗北しつづけてきた無数の人びとの存在とその歴史的経験こそが、サパティスタに勝利をめざす莫大なエネルギーを授けていると言えよう。たとえば、サンディニスタ政権で文化相を務めた「解放の神学者」エルネスト・カルデナルは、「ニカラグアにおける革命は終わった。サンディニスタ党も堕落し、革命的ではなくなった」と嘆きながらも、次のように語る。

マルコスはラテンアメリカにとって大きな希望なのです。なぜなら、彼はわれわれニカラグア人と同じ革命を、より新しい戦略を用いながら統率しているからです。マルコスの戦略は、サパタやサンディーノが唱えた原則が意味するものと同じだと言えます。マルコスもEZLNも、どちらもサパタとサンディーノの後継者なのです。[*91]

すなわち、カルデナルは、サンディニスタ革命の「死」がサパティスタに新たな「生」をもたらしたというのである。そうだとすれば、二〇〇六年におけるオルテガの勝利は、サンディニスタから「生」を受け取ったサパティスタが、今度は反対に「死」の淵にあったサンディニスタに新たな「生」を吹き込んで蘇らせた結果であると言えるかもしれない。

このようなかたちでより良い社会をめざす闘いが歴史的に受け継がれていくとするならば、かりにサパティスタが現在の闘争に敗北することがあったとしても、それはけっして「永遠の敗北」とはならない。新しい名前と顔を持った「サパタ」がどこかの山からふたたび下りてきて、新しい「サパティスタ」を率いてこの歴史的な闘争を継続することになるのだから。

注　記

問い直される国民国家――中米からラテンアメリカ、そして世界へ――

＊1　ラテンアメリカにおける「先住民」（インディオ、インディヘナ）とは、この地域がヨーロッパ諸国によって征服・植民地化される以前に居住していた諸民族（エスニック集団）の総称である。一口に先住民といっても、彼らのあいだにおける言語的、社会・文化的差異はけっして小さくなく、当然のことながら彼らを単一民族（エスニシティ）として分類することはできない。

＊2　本書において「国民（ネイション）」とは、基本的に政治学者ベネディクト・アンダーソンが定義した「想像の共同体」としての「国民」を指す。アンダーソンは、「国民」をイデオロギーとしてではなく、親族観念や宗教的観念と同質のものと捉え、イメージとして心に描かれた、本来的に限定的で、主権的な、唯一の政治共同体であると定義している（Benedict Anderson, *Imagined Communities: Rflections on the Origin and Spread of Nationalism*, London: Verso Editions, 1983, p.15, 40; ベネディクト・アンダーソン『増補・想像の共同体―ナショナリズムの流行と起源』〈白石さや・白石隆訳、NTT出版、一九九七年〉、二四―六頁）。ナショナリズムとは、それに先行する文化システムの影響を強く受けて形成され、「国民」を「自国（土着）化」し、普及させようとする思想や運動ということになろう。

マスメディア上では、「国民（ネイション）」という言葉はしばしば「民族」という言葉の同義語として使用されるが、国家のなかに存在するさまざまな文化集団（エスニシティ、エスニック集団）も同じ「民族」と表現されることがあるため表記上の混乱をきたしやすい。そのため、本書では「国民＝民族」とはせず、基本的に「民族＝エスニック集団」として表記することにしたい。この基準に則るならば、「民族自決」、「サンディニスタ民族解放戦線」、「サパティスタ民族解放軍」といった語句や名称は、本来なら「国民自決」、「サンディニスタ国民解放戦線」、「サパティスタ国民解放軍」と改められるべきであろう。しかしながら、こうした歴史用語については、すでに一般のメディア上で定着した日本語名称であることを考慮し、そのまま使用することにしたい。もしあいまいなかたちで「民族」という言葉を使用しなくてはならない場合には、カッコをつけてそれが「国民」を意味するのか、あるいは「エスニシティ」を意味するのか、あるいはその両方を意味するかについて明らかにする。

「想像の共同体」としての「国民」意識は、一八世紀以降の世界史に見られる出版資本主義の発展の必然的な結果として、ある特定の世俗語が「標準化」され、言語的に多様な人びとのあいだに統一的なコミュニケーションの場が創出されたことで普及する「近代の産物」であるとする（アンダーソン、前掲書、八六―七頁）。アンダーソンが共同体の内部で脈々と継承されうる文化・アイデンティティ・価値観を軽視し、近代を特権化し過ぎているというさまざまな学者（アントニー・スミス、パールタ・チャタジー、トンチャイ・ウィニッチャクンなど）からの批判はもっともであるが、それでもなお近代以降になって初めて可能となる特定のイメージを生み出し、人びとのあいだに力強く普及していく技術的、社会的環境に着目したアンダーソンのナショナリズム論は学術的な有効性があると考えられる。

このアンダーソン理論の有用な部分を歴史学研究のなかに取り入れ、アンダーソン論文のなかでは詳述されなかった中米地峡諸国を考察し、それまで謎（なぜ陸続きで、すべての領土を合わせても四二万平方キロメートルほどしかない中米地峡に五つの小国〈グアテマラ、ホンジュラス、エルサルバドル、ニカラグア、コスタリカ〉が分立することになったのかは大いなる疑問であった）とされてきたこの地域の国民国家研究に新たな知的地平を開拓したのが歴史学者スティーヴン・パーマー(Steven Palmer)である。パーマーは、さまざまな著作（歴史学者イバン・モリーナと多くの優れた共編著を出版しており、とくにコスタリカにターゲットを絞ってまとめられた *Héroes al gusto y libros de moda. Sociedad y cambio cultural en Costa Rica, 1750-1900*, San José: Editorial Porvenir, Plumsock Mesoamerican Studies, 1992が有名である。最近の単著では、*From Popular Medicine to Medical Populism: Doctors, Healers, and Public Power in Costa Rica, 1800-1940*, Durham: Duke University Press, 2003が有名である）を通じて中米地峡諸国における「国民」概念や意識はもともと白人エリート層が推進する国家プロジェクトとして上から創られたものであり、その過程で各中米諸国の分離独立や、先住民や黒人らの「非国民化」が進行したことを説得的に説明して見せた。

これらの点をふまえ、本書のなかのナショナリズム理論の基盤は、アンダーソンとパーマーの議論に依ることにする。

＊3　本書における「マヤ系先住民」、あるいは「マヤ人」とは何を意味するかについて説明しておきたい。マヤ研究の第一人者の一人である落合一泰は「マヤ人」を「民族学的には特定民族集団を指示する概念ではなく、マクロ・チブチャ語マヤ語族に属する約三〇の言語のいずれかを用いるインディオを総称する便宜的用語」であると説明する（大貫良夫、落合一泰、国本伊代、福嶋正徳、松下洋〈監修〉『ラテン・アメリカを知る事典』〈平凡社、一九八七年〉、四〇六頁）。しかしながら、落合は「今日のマヤ」について次のような一文をつけ加えることを忘れない。「人々にとり、〈われわれ〉とは村を単位とした成員意識であり、同じ言語を用いる村々の間にも民族集団としての共同意識は存在しない。ましてや、〈マヤ族〉という研究者側の概念など、彼ら自身には無縁である」（落合、同右）。すなわち、落合は、単純な言語的区分や研究・分析概念として固定化されたマヤ・イメージを通じてエスニック集団としてのマヤなるものを捉えることはできないと、私たちに教示しているのである。このようにマヤがきわめて多様性に満ちており、「マヤ民族」という単一民族は存在しないという点にかんしては、マヤ都市文明の研究で知られる青山和夫も同意するところである（青山和夫『古代マヤ　石器の都市文明』〈京都大学出版会、二〇〇五年〉、一八頁）。

それにもかかわらず、いまだに既存の「マヤ」、あるいは「インディオ」というステレオタイプに囚われ、現実の多様な先住民と向き合うことができない者は少なくない。こうしたステレオタイプの創造と普及のからくりは、すでに小林致広によって明らかにされている。一流の文化人類学者でありながら優れた歴史学的批判精神をも合わせ持っている小林は、インディオ文化の「後進性」を克服して国家に統合するインディヘニスモ、階級概念によってインディオを定義しようとしたマルクス主義、インディオ的なものに反西欧的な価値を見出して保護しようとするインディオ主義などを列挙し、どれもインディオを固定した枠組みで捉え、彼らを「消滅寸前の文化の保持者」と決めつけていると批判する（小林致広「インディオという標徴」〈小林致広編『メソアメリカ世界』世界思想社、一九九五年〉、二八―三〇頁）。そのうえで、こうした議論の前提となるマヤやアステカの先住民文化なるものが、植民地本国や国民国家など先住民共同体の外部者によって創り上げられたと指摘する。食人種・人身犠牲・宗教的異端者といった「非理性的」な先住民イメージが作られ、権力者が好む舞踊や祭典などが「先住民文化」としてフォークロア化されたのである。私たちは何気なくこうしたステレオタイプに束縛されているのかもしれない。

小林は、先住民言語を使用しながら先住民であることを否定する共同体や、国家によって定められた森林使用権を得るためにみずから他民族を名乗る先住民族などについて例示しながら、「エスニシティの選択はあくまでも、さまざまな状況下の自己判断に基づく」とし、「先住民族集団やインディオという概念は、他者、とりわけ支配権力との関係で、融通無碍なかたちで流通してきた」と結論する（同右、六〇頁）。この見解は、目の前の現実や環境に適応してより良く生きようとする、主体としての先住民について考察するうえできわめて重要であると考えられる。とりわけ、グローバル化した現代においては、ある国家の一地域の社会状況でさえも国際政治経済の動向と直接リンクして変化する可能性があり、人びとは目の前で刻々と複雑に変化する環境に適応しなくてはならない。先住民もその例外ではない。以上のことから、本書において私は、（本書ではそのほんの一部しか紹介することができなかったが…）優れた先行研究者に学び、先住民を文化主義的に定義しないこととする。本書での先住民に対する筆者の関心は、「国民」や国家権力によって抑圧され、歴史的な主体性を奪われている、社会的弱者集団としての先住民に向けられることになる。

Ⅰ 章

＊1 リゴベルタ・メンチュ『大地の叫び―グアテマラ先住民族の闘争』（神代修訳、青木書店、一九九四年）、三七頁。

＊2 落合一泰「先住民社会・文化の再編成」（増田義郎・山田睦男編『ラテン・アメリカ史Ⅰ』山川出版社、一九九九年）、一二四―五頁。

＊3 研究書によっては、中米・カリブ地域の居住する土着化した黒人のことを「クリオーリョ」あるいは「クレオール」と称することがあるが、本書におけるクリオーリョとは基本的にスペイン系の白人クリオーリョを意味する。

＊4 詳細については、C=V・ウッドワード著『アメリカ人種差別の歴史』（清水博・長田豊臣・有賀貞訳、福村出版、一九九八年）、大谷康夫『アメリカの黒人と公民権法の歴史』（明石書店、二〇〇

二年）を参照されたい。

＊5 Julio Pinto, "La independencia y la federación (1810-1840)," *Historia general de Centro-américa, Tomo* Ⅲ, Madrid: Sociedad Estatal Quinto Centenario, FLACSO, 1993, pp.77-9.

＊6 *Ibid.*, pp.75-9; 小澤卓也「なぜ中央アメリカ連邦は崩壊したか」（『末川清教授退職記念論集』立命館大学人文学会、一九九九年）、二一八―二二〇頁。

＊7 中米連邦共和国が崩壊した原因については、小澤前掲「なぜ中央アメリカ連邦は崩壊したか」二一七―二二三頁、を参照されたい。

＊8 加茂雄三『地中海からカリブ海へ』（平凡社、一九九六年）、一〇二頁。

＊9 Robert Carmack, "State and Community in Nineteenth-Century Guatemala: the Momostenango Case," *Guatemalan Indians and the State: 1540 to 1988* (Austin: University of Texas Press, 1990), p.118.

＊10 Ralph Woodward, "Cambios en el estado guatemalteco en el siglo XIX," *Identidades nacionales y estado moderno en Centroamérica* (San José: Editorial de la Universidad de Costa Rica, 1995), p.128. ラテンアメリカ研究において、これまでカスタ戦争は一八四七～一九〇一年にかけて起こったとする説が一般的であった。しかし、近年の研究によれば、この戦争の勃発に関して先住民側の動向をより重視し、一八四七年から一八三九年へと修正する議論が優勢となりつつある。本書では、先住民側の視点を重視する立場から、一八三九年勃発説を採用することに

したい。

＊11 Carol Smith, "Social Relations in Guatemala over Time and Space," Guatemalan Indians and the State: 1540 to 1988, *op.cit.*, pp.25-6.

＊12 Carmack, *op.cit.*, pp.119-20.

＊13 Carol Smith, "Origins of the National Question in Guatemala: a Hypothesis," Guatemalan Indians and the State: 1540 to 1988, *op.cit.*, p.84.

＊14 Ciro Cardoso y Héctor Pérez, *Centroamérica y la economía occidental(1520-1930)* (San José: Editorial de la Universidad de Costa Rica, 1977), pp.250, 272-80.

＊15 Julio Cambranes, *Coffee and Peasants in Guatemala: the Origins of the Modern Plantation Economy in Guatemala, 1853-1897* (Sweden: Agency for Research and Cooperation with Developing Countries, 1985), p.267. ただし、ドイツ系移民の広大な土地や財産の多くは、第二次世界大戦においてナチス・ドイツが敗北したことをうけて、グアテマラ政府に没収された。

＊16 *Ibid.*, p.302.

＊17 David McCreery, "Tierra, mano de obra y violencia en el altiplano guatemalteco: San Juan Ixcoy," *Revista de Historia*, vol.1(San José: EUNA, 1975), p.20.

＊18 Cambranes, *op.cit.*, p.189; Cardoso y Pérez, *op.cit.*, p.228.

＊19 Steven Palmer, "A Liberal Discipline: Inventing Nations in Guatemala and Costa Rica,

1870-1900" (Ph.D.dissertation, Columbia University, 1990)の第五章「National Technology」を参照されたい。

＊20　小澤卓也「白色化された国民―コスタリカにおける国民イメージの創設」(西川長夫・原毅彦編『ラテンアメリカからの問いかけ―ラス・カサス、植民地支配からグローバリゼーションまで』人文書院、二〇〇〇年)、二二五―六頁。

＊21　同書、二一九―二四頁。

＊22　República de Guatemala. Ministerio de Fomento. Dirección General de Estadística, *Censo de población de la República levantado el 28 de agosto de 1921* (Guatemala: Taller Gutenberg, 1924), pp.12, 67.

＊23　Oficina Nacional de Censo, *Alfabetismo y analfabetismo en Costa Rica según el censo general de población de 11 de mayo de 1927*, Publicación No.3 (San José: Imprenta Alsina, 1928), pp.13, 15; Ministerio de Economía y Hacienda. Dirección General de Estadística y Censos, *Censo de población de Costa Rica, 11 de mayo de 1927* (San José: Imprenta Nacional, 1960), pp.41, 44; Ministerio de Economía, Industria y Comercio. Dirección General de Estadística y Censos, *Censo de población 1892* (San José: Imprenta Nacional, 1974), pp.xiv, xv.

＊24　Lorenzo Montúfar, *Reseña histórica de Centro-América*, 7 vols, Guatemala: Tipografia de

"El Progreso" y Tipografia "La Unión", 1878-1887, I, cited in Palmer, *op.cit.*, p.147.

＊25 *Ibid.*, p.148.

＊26 Palmer, *op.cit.*, p.153.

＊27 *Ibid.*, pp.152-4.

＊28 Victor Acuña, "Clases subalternas y movimientos sociales en Centroamérica (1870-1930)," Historia general de Centroamérica, tomo IV, *op.cit.*, pp.259-60, 270, 299.

＊29 *Ibid.*, pp.263, 274, 292.

＊30 小澤卓也「グアテマラ国家の〈国民〉創設計画について（一八七一～一九二〇年）」（『立命館文学』五五五号、立命館人文学会、一九九八年）、六七頁。

＊31 Palmer, *op.cit.*, pp.176-7, 179.

＊32 小澤前掲「白色化された国民―コスタリカにおける国民イメージの創設」二二八―二三三頁。

＊33 小林致広「略奪されたアイデンティティの模索」（『外国学研究』XXXIV、神戸市外国語大学外国学研究所、一九九五年）、一頁。

＊34 小澤卓也「サンディーノの実像と英雄像をめぐるニカラグア・ナショナリズムの一考察」（『神戸女学院大学論集』五〇巻一号、通巻一四六号、神戸女学院大学研究所、二〇〇三年）、一七〇―一、一七三―四頁。

＊35 Palmer, *op.cit.*, p.182.

＊36 Francisco Lainfiesta, *A vista de pájaros: cuento fantástico,* Guatemala: Imprenta de El Progreso, 1879, pp.174-5; Palmer, *op.cit.,* pp.185-6.

＊37 小澤前掲「グアテマラ国家の〈国民〉創設計画について（一八七一〜一九二〇年）」六九—七〇頁

＊38 Smith, "Origins of the National Question in Guatemala: a Hypothesis," *op.cit.,* p.84; 小澤前掲「グアテマラ国家の〈国民〉創設計画について（一八七一〜一九二〇年）」六九—七二頁。

＊39 Smith "Origins of the National Question in Guatemala: a Hypothesis," *op.cit.,* pp.86-7; Palmer, *op.cit.,* pp.104-5.

＊40 Walter Hannstein, *Early Twentieth-Century Life in Western Guatemala* (South Woodstock: Plumsock Mesoamerican Studies, 1995), p.17.

＊41 Jean Piel, "¿Fuera el estado del estado? ¿Afuera la nación? El Quiché Oriental frente al estado-nación guatemalteco de 1821-1970", Identidades nacionales y estado moderno en Centroamérica, *op.cit.,* p.182.

＊42 黒田悦子『フィエスタ—中米の祭りと芸能』（平凡社、一九八八年）、九八—一〇二頁。

＊43 Palmer, p.196.

＊44 小澤前掲「グアテマラ国家の〈国民〉創設計画について（一八七一〜一九二〇年）」七四頁。

＊45 Ramón Salazar, *Conflictos,* Guatemala: Biblioteca de El Progreso Nacional, 1898.

*46　Palmer, *op.cit.*, pp.197-201.
*47　中米の歴史書においては、マヌエル・エストラーダ＝カブレラのことを「カブレラ大統領」と表記するのが一般的である。しかし、本書においては、人物の略称を使用する際に第一姓で統一しているため、あえて「エストラーダ大統領」と表記することにした。
*48　ミゲル＝アンヘル・アストゥリアスの息子ロドリゴは、のちのグアテマラ先住民を中心とする武装ゲリラ組織、武装人民組織（ORPA）を結成している。
*49　Carmack, *op.cit.*, pp.121-2.
*50　*Ibid.*, p.122; Acuña, *op.cit.*, p.311.
*51　Palmer, *op.cit.*, p.232.
*52　コスタリカの鉄道敷設においても、キースは資金面で重要な役割を果たしている。しかしながら、コスタリカではグアテマラよりも早い時期に鉄道が完成（一八九〇年）したため、この頃のキースはナショナリストの敵とされたユナイテッド・フルーツ社をまだ創設（一八九九年）していなかった。この歴史的偶然は、コスタリカにおいてキースに対する国民主義的反発が高まらなかった理由の一つである。また、コスタリカの政府系メディアでは、コスタリカを愛する準国民的アメリカ人というイメージを広く人びとに刷り込んだため、キースに対するコスタリカ市民の印象は悪化しなかった〈小澤前掲「白色化された国民―コスタリカにおける国民イメージの創設」二二四―五頁〉。
*53　*Ibid.*, p.135.

＊54　Acuña, *op.cit.*, p.268.

＊55　Federico Hernández de León, *Viajes presidenciales*, Tomo II, Guatemala: Imprenta El Liberal Progresista, 1943, pp.329-31.

Ⅱ　章

＊1　Denis Heyck, *Life Stories of the Nicaraguan Revolution*, New York-London: Routledge, 1990, p.64.

＊2　野々山真輝帆『ニカラグア　昨日・今日・明日』（筑摩書房、一九八八年）、一六四頁。

＊3　河合恒生『パナマ運河史』（教育社歴史新書、一九八〇年）、八一―二頁。

＊4　Héctor Pérez, *Breve historia de Centroamérica*, Madrid: Alianza Editorial, 1985, p.93.

コスタリカでは、このウォーカー軍との戦いは「国民戦争」という名で呼ばれ、その後の国民史のなかで最重要の歴史的事件と位置づけられた。独立戦争を経ていないコスタリカのナショナリストにとって、外国の侵略を撃退したこの戦争は愛国心を高揚させるのに最適の事件であり、国家による国民形成計画の支柱の一つとなった。また、この戦争においてみずからの命とひきかえに祖国を救ったとされる兵士フアン・サンタマリアも英雄化され、現在にいたるまで人びとの尊敬を集める国民シンボルであり続けている（小澤前掲「白色化された国民―コスタリカにおける国民イメージの創設」二二一―四頁）。

＊5　加茂、前掲書、二四―五。

＊6　Jeffrey Gould, "Nicaragua: la nación indohispana," *Identidades nacionales y estado moderno en Centroamérica*, Arturo Taracena y Jean Piel, (compiladores) San José : Editorial de la Universidad de Costa Rica, Colección Istmo, 1995, p.254.

＊7　小澤前掲「サンディーノの実像と英雄像をめぐるニカラグア・ナショナリズムの一考察」一六六頁。

＊8　Victor Acuña, "Artesanos, obreros, y nación en Centroamérica en el período liberal (1870-1930)," *Revista de Historia*, No.2, Managua: Instituto de Historia de Nicaragua, Universidad Centroamericana, 1992-3, p.42.

＊9　Charles Hale, *Resistance and Contradiction: Miskitu Indians and the Nicaraguan State, 1894-1987*, Stanford: Stanford University Press, 1994, pp.37-41, 51-2.

＊10　*Ibid.*, pp.40, 43, 45-7.

＊11　Pérez, *op.cit.*, pp.100-1.

＊12　このあたりの歴史的事情については、小林志郎『パナマ運河―百年の攻防と第二運河構想の検証』（近代文芸社、二〇〇〇年）に詳しい。

＊13　Knut Walter, "La problemática del estado nacional en Nicaragua," Identidades nacionales y estado moderno en Centroamérica, *op.cit.*, pp.166-167.

＊14　小澤前掲「サンディーノの実像と英雄像をめぐるニカラグア・ナショナリズムの一考察」一六六頁。

＊15　Acuña, *op.cit.*, p.48.

＊16　Gould, "Nicaragua: la nación indohispana," *op.cit.*, p.255.

＊17　*Ibid.*, p.259.

＊18　マナグア市の南方に位置する町マサヤは、人口に占める先住民の割合が高かった。現在でもマサヤには先住民文化の名残が強く見られ、先住民の手による優れた民芸品の製作・販売でも知られている。そのなかでもモニンボ地区の先住民は、のちのニカラグア革命においてもサンディニスタ民族解放軍と手を組んで重要な役割を果たすなど政治意識がきわめて強かった。一九七八年の反ソモサ武装蜂起の際には、ソモサが派遣した国軍による徹底的な武力鎮圧によって数百名の死者を出した。

＊19　*Ibid.*, p.256.

＊20　*Ibid.*, p.257.

＊21　スティアバの先住民は、一九世紀初頭の独立期に数々の武装闘争を展開したことでも知られる。現在でも、この地には先住民文化の影響が強く見られる昔懐かしい風景が残されている。

＊22　*Ibid.*, p.258.

＊23　*Ibid.*; *El Cronista*, 5 de diciembre de 1922.

＊24　Gould, "Nicaragua: la nación indohispana," *op.cit.*, p.263.

＊25　バスコンセロスについては、Loudres Martínez-Echazábal, "Mestizaje and the Discourse of National / Cultural Identity in Latin America, 1845-1959," *Latin American Perspectives*, Issue 100, Vol.25, No.3, Thousand Oaks, London, New Delhi: Sage Publications, 1998, pp.33-5を、アヤ＝デ＝ラ＝トーレについては、崎山政毅「アンデスのアヴァンギャルド―ファシズムに抗するラテンアメリカの〈他の歴史〉」（小岸昭・池田浩士・鵜飼哲・和田忠彦編『ファシズムの想像力』人文書院、一九九七年）、一八二頁を参照されたい。

＊26　河合、前掲書、一八六―八頁。Mark Falcoff, *Panama's Canal: What Happens When the United States Gives a Small Country What It Wants*, Washington, D.C.: The AEI Press, 1998, pp.9-10.

＊27　Ernesto Che Guevara, "Guerra de guerrillas: un método," Escritos y discursos, tomo 1, Habana: Editorial de Ciencias Sociales, 1972 (originalmente escrito en *Cuba Socialista*, 1963), Edición Digital, p.203.

＊28　Augusto Sandino, "Carta a Alfonso Alexander," 7 de julio de 1933, Archivo Histórico del FSLN, Fondo Sandino; Michelle Dospital, "La construcción del estado nacional en Nicaragua: el proyecto sandinista(1933-1934)," Revista de Historia, No.2, *op.cit.*, p.58.

＊29　*Ibid.*, p.58.

＊30　加茂、前掲書、一四一—二頁。

＊31　Harry Vanden, Gary Prevost, *Democracy and Socialism in Sandinsta Nicaragua*, Boulder & London: Lynne Rienner Publishers, 1993, pp.27-9.; Augusto Sandino, *El pensamiento vivo*, Tomo 1, 2 ed., Introducción, selección y notas de Sergio Ramírez, Managua: Editorial Nueva Nicaragua, 1984, pp.70, 123.

＊32　*Ibid.*, pp.398-9.

＊33　José Román, *Maldito país*, Managua: Editorial Unión, 1983, p.105; Gould, "Nicaragua: la nación indohispana," *op.cit.*, p.260.

＊34　Entrevista con Sandino, en 1933 en Ramón de Belausteguigoitia, *Con Sandino en Nicaragua*, Managua: Editorial Nueva Nicaragua, 1985, p.192, citado en Jeffrey Gould, *El mito de "la nicaragua mestiza" y la resistencia indígena, 1880-1980*, San José: Editorial de la Universidad de Costa Rica, 1997, p.153.

＊35　Hale, *op.cit.*, p.54.

＊36　*Ibid.*, pp.54-6.

＊37　Gould, "Nicaragua: la nación indohispana," *op.cit.*, p.259.

＊38　Sandino, El pensamiento vivo, *op.cit.*, p.117.

＊39　Gould, "Nicaragua: la nación indohispana," *op.cit.*, p.262.

＊40　Augusto Sandino, *Escritos literarios y documentos desconocidos,* Managua: Ministerio de Cultura, 1980, pp.75-91.

＊41　Heyck, *op.cit.,* p.188.

＊42　Pérez, *op.cit.,* pp.116-7.

＊43　Julio Hernández, *Realidad juridica del indigena guatemalteco,* Guatemala: Editorial José Pineda Ibarra, Ministerio de Educación, 1965, p.255; Boletín del Instituto Indigenista Nacional, Vol.I, No.1, Guatemala, 1945, p.8. citado en Richard Adams, "Etnia y sociedad (1930-1979)," *Historia general de Centroamérica,* tomo V, Madrid: Sociedad Estatal Quinto Centenario, Facultad Latinoamericana de Ciencias Sociales, 1993, p.180.

＊44　小澤「二〇世紀前半期のエルサルバドル社会思想史についての一考察―知識人アルベルト・マスフェレールとその〈ネイション〉概念―」（『立命館文学』五三八号、立命館大学人文学会、一九九五年）、八八―九頁。

＊45　Walter, *op.cit.,* p.173.

＊46　Mark Everingham, *Revolution and the Multiclass Coalition in Nicaragua,* Pittsburgh: University of Pittsburgh Press, 1996, p.104.

＊47　Carlos Fonseca, "Con la bandera de Sandino (extraído de la obra de Carlos Fonseca, *Bajo la bandera del sandinismo,* Managua: Editorial Nueva Nicaragua,1983)," *El sandinis-*

mo: documentos básicos, recopilación del Instituto de Estudio del Sandinismo (Managua: Editorial Nueva Nicaragua, 1983), pp.261, 263; Carlos Fonseca, Viva Sandino, obras tomo2 (Managua: Editorial Nueva Nicaragua, 1982), p.21.

＊48 小澤前掲、「サンディーノの実像と英雄像をめぐるニカラグア・ナショナリズムの一考察」一七二―五頁。

＊49 Fonseca, "Con la bandera de Sandino," *op.cit.,* p.262.

＊50 *Ibid.,* p.270.

＊51 *Ibid.,* p.283.

＊52 *Ibid.,* p.255.

＊53 Fonseca, Viva Sandino, *op.cit.,* p.34.

＊54 Adams, *op.cit.,* pp.215-7.

＊55 *Ibid.,* pp.194-5.

＊56 小林、前掲論文、五〜六頁

＊57 Margaret Crahan, "Religion and politics in revolutionary Nicaragua," *The Progressive Church in Latin America,* Notre Dame, Indiana: University of Notre Dame Press, 1989, p.42.

＊58 加茂、前掲書、二二八―二三一頁。細野昭雄・遅野井茂雄・田中高『中米・カリブ危機の構造』

（有斐閣選書、一九八七年）、五五―六頁。

＊59 Stephen Randall, Graeme Mount, *The Caribbean Basin, an International History*, London and New York: Routledge, 1998, p.153.

＊60 *Ibid.*, p.152.

＊61 松下冽『現代ラテンアメリカの政治と社会』（日本経済評論社、一九九三年）、二四四―五一頁。

＊62 Randall, *op.cit.*, p.153.

＊63 Heyck, *op.cit.*, p.305.; Crahan, *op.cit.*, p.55.; 野々山、前掲書、二〇三頁。

＊64 Crahan, *op.cit.*, pp.46, 48.

＊65 野々山、前掲書、六七頁。

＊66 同右、五八頁。

＊67 Crahan, *op.cit.*, pp.45, 53.

＊68 Everingham, *op.cit.*, p.168.

＊69 Pérez, p.174; *Nuevo Amanecer Cultural*, 一九八六年年一一月八日、五頁。

＊70 これは、セルヒオ・ラミレスの言葉である（野々山、前掲書、一七七頁）。

＊71 Edelberto Torres-Rivas, "La sociedad: la dinámica poblacional, efectos sociales de la crisis, aspectos culturales y étnicos," *Historia general de Centroamérica*, tomo VI, *op.cit.*, pp.187-8.

＊72　Harry Vanden, Gary Prevost, *The Undermining of the Sandinista Revolution*, Houndmills, Basingstoke, Hampshire, London: Macmillan Press, 1997, p.13.; 野々山、前掲書、一六五頁。

＊73　Torres-Rivas, *op.cit.*, pp.188-9.

＊74　*Ibid.*, p.189.

＊75　Hale, *op.cit.*, p.228.

＊76　*Ibid.*, pp.228-9.

＊77　*Ibid.*, p.229.

＊78　*Ibid.*, pp.229-30.

＊79　新藤通弘「ニカラグアーサンディニスタの新たなたたかい」（『経済』二〇〇五年六月号、第一一七号、新日本出版社、二〇〇五年）、一一四頁。

＊80　同右、一一五頁。

＊81　Steven White, *Culture & Politics in Nicaragua, Testimonies of Poets and Writers*, New York: Lumen Books, 1986, pp.62-3.

Ⅲ　章

＊1　La Jornada, 12 de marzo de 2001,
http://www.jornada.unam.mx/2001/mar01/010312/003nlpol.html

＊2　マルコス副司令官インタビュー、『サパティスタの夢』（マルコス、イボン・ルボ著、佐々木真一訳、現代企画室、二〇〇五年）、二〇六頁。
＊3　June Nash, *Mayan Visions: the Quest for Autonomy in an Age of Globalization*, New York and London: Routledge, 2001, pp.41, 44-45.
＊4　*Ibid.*, p.45; 小林致広「『老アントニオのお話』を読む」『神戸市外国語大学研究叢書』第三七号（神戸市外国語大学外国学研究所、二〇〇四年）、八一―三頁。
＊5　David Brading, *Los orígenes del nacionalismo mexicano*, México D.F.: Ediciones Era, 1997, pp.15, 42.
＊6　Nash, *op.cit.*, p.47.
＊7　山田睦男「メキシコ」（前掲書『ラテン・アメリカ史Ⅰ』）一九四頁。『ラテン・アメリカを知る事典』（大貫良夫・落合一泰・国本伊代・福嶋正徳・松下洋監修、平凡社）、一〇八頁。
＊8　狐崎知已「メキシコ」（加茂雄三編『ラテンアメリカ』自由国民社、一九九九年）、六〇―一頁。
＊9　Iván Gomezcésar, "Los liberales mexicanos frente al problema indígena: la comunidad y la integración nacional," en Raquel Barceló, María Portal, y Martha Sánchez, *Diversidad étnica y conflicto en América Latina. El indio como metáfora en la identidad nacional*, vol. II, México: Plaza y Valdéz, 2000, p.82.
＊10　Alicia Barabas, "Movimientos sociorreligiosos e identidad,"

http://www.iacd.oas.ormg/interamer/Interamerhtml/Zarurhtml/Zar44_Bar.htm;
Bertha Domínguez, Ángel Ceruttí, "Milenarismo y mesianismo en la guerra de Cstas de Chiapas, 1867-1870,"
http://biblioteca.itam.mx/estudios/estudio/letras23/coloq2/sec_1.html
近代化の波にさらされたチャムーラの先住民たちの動向や、アイデンティティの変化などにかんする詳しい情報については、清水透『エル・チチョンの怒り ―メキシコにおける近代とアイデンティティ』（東京大学出版会、一九八八年）を参照されたい。

＊11 *Ibid.*; Barabas, op.cit.

＊12 Shannan Mattiace, *To See with Two Eyes: Peasant Activism and Indian Autonomy in Chiapas*, México, Albuquerque: University of New México Press, 2003, p.55.

＊13 *Ibid.*, p.58.

＊14 鈴木康久『メキシコ現代史』（明石書店、二〇〇三年）、一三、一五、一九頁。国本伊代「メキシコ」（国本伊代・中川文雄編著『改訂新版 ラテンアメリカ研究への招待』新評論、二〇〇五年）、一八四―五頁。

＊15 鈴木、前掲書、二二一―三頁。

＊16 国本伊代『メキシコの歴史』（新評論、二〇〇二年）、二五四頁。

＊17 同右、二六〇、二六三―四頁。

*18 ジョン・スタインベック「サパタ」(百瀬文雄・坪井清彦・深沢俊雄訳『サパタ／ノーベル文学賞受賞演説』スタインベック全集一八、大阪教育図書、一九九九年)、四〇頁。
*19 同右、四八二頁。
*20 Brading, *op.cit.*, pp.118-9.
*21 Mattiace, *op.cit.*, p.59.
*22 Roberto Blancarte (compilador), *Cultura e identidad nacional*, México D.F.: Consejo Nacional para la Cultura y las Artes, Fondo de Cultura Económica, 1994, pp.344-5.
*23 Leslie Bethell (editor), *Ideas and Ideologies in Twentieth Century Latin America*, Cambridge: Cambridge University Press, 1996, pp.198-9.
*24 *Ibid.*, 199; Martínez-Echazábal, *op.cit.*, pp.33-35.
*25 Blancarte, *op.cit.*, p.346.
*26 *Ibid.*, pp.346-8.
*27 *Ibid.*, p.350.
*28 Nash, *op.cit.*, p.50.
*29 Mattiace, *op.cit.*, p.60.
*30 *Ibid.*, pp.60-1.
*31 国本、前掲論文「メキシコ」一八六頁。

＊32 崎山政毅「〈虐殺の夜〉へのクロニクル―メキシコ、一九六八年」（絓秀実編『１９６８』作品社、二〇〇五年）、一九〇―一頁。

＊33 同右、一九四―五頁。中田英樹「〈自由な祖国〉への〈連帯〉をめぐるノート―メソアメリカ、一九六八年」（前掲書『１９６８』）二〇七―八頁。

＊34 小倉英敬「現代メキシコにおける市民運動」（『ラテンアメリカ研究年報』一九号、日本ラテンアメリカ学会、一九九九年）、一三一頁。

＊35 崎山政毅『サバルタンと歴史』（青土社、二〇〇一年）、一一四―五頁。

＊36 Mattiace, *op.cit.*, p.35.

＊37 *Ibid.*, pp.69-70.

＊38 *Ibid.*, p.75.

＊39 Neil Harvey, "Rural Reforms, Campesino Radicalism and the Limits to Salinismo," *Transformation of Rural México*, No.5, La Jolla: Ejido Reform Research Project, Center for U.S.- Mexican Studies, University of California at San Diego, 1994, p.111.

＊40 Nash, *op.cit.*, p.49; Mattiace, *op.cit.*, pp.92-94.

＊41 Jane Hindley, "Towards a Pluricultural Nation: the Limits of Indigenismo and Artcle 4," *Dismantling the Mexican State?*, Rob Aitken et al, eds, New York: St. Martin's Press, p.234; Mattiace, *op.cit.*, p.94.

＊42 *Ibid.*, p.79.

＊43 カルロス・モンシバイス（新川志保子訳）「世紀末のチアパスとゲリラ」（『もう、たくさんだ！ ―メキシコ先住民蜂起の記録1』サパティスタ民族解放軍著、太田昌国・小林致広編訳、現代企画室、一九九五年）、三二七頁。

＊44 Comandancia General del EZLN, "Declaración de la Selva Lacandona," http://palabra.ezln.org.mx/comunicados/1994/1993.htm（本宣言の引用部分を翻訳するにあたり、サパティスタ民族解放軍、前掲書『もう、たくさんだ！ ―メキシコ先住民蜂起の記録1』五七〜六〇頁に掲載されている邦訳を参考にした）。

＊45 これについて崎山政毅は、「メキシコにおけるサパティスタ民族解放軍のたたかいは、空間の歴史的かつ社会的な分節化の力を弱める、敵対を含み込んだ混成＝共存を不可欠の要素としている」と説明する（崎山前掲書『サバルタンと歴史』一一二頁）。

＊46 Comandancia General del EZLN, "Declaración de la Selva Lacandona," *op.cit.*

＊47 *Ibid.*

＊48 サパティスタ民族解放軍、前掲書『もう、たくさんだ！ ―メキシコ先住民蜂起の記録1』五九頁。

＊49 同右、五八―七二頁。

＊50 メキシコ日本商工会議所経済調査委員会『メキシコの構造変化―混合経済から市場経済へ』（一

九九八年)、一一一頁。小倉、前掲論文、一二二頁。

*51 サパティスタ民族解放軍、前掲書『もう、たくさんだ！ ―メキシコ先住民蜂起の記録1』五九―六〇頁。

*52 同右、五九頁。

*53 同右、七八頁。モンシバイス、前掲論文、三一七頁。

*54 山崎カヲル「サパティスタ民族解放軍のために」。http://clinamen.ff.tku.ac.jp/EZLN/Masacre3.html

*55 小澤卓也「現代の中米先住民運動 ―グラムシ的アプローチ」(『季報 唯物論研究』九〇号、季報『唯物論研究』刊行会、二〇〇四年)、七〇頁。

*56 マルコス副司令官(話し手)、ガブリエル・ガルシア＝マルケス、ロベルト・ポンボ(聞き手)、「パンチカードと砂時計」(崎山政毅訳)(『批評空間』Ⅲ期一号、株式会社批評空間、二〇〇一年)、二〇六―七頁。

*57 Subcomandante Marcos, "Interview with Subcomandante Marcos," Pablo Slazar, Ana Hernández, Eugenio Aguilera, Gustavo Rodríguez (interviewers), May 11 1994, http://struggle.ws/mexico/ezln/anmarin.html

*58 *Ibid.*

*59 小倉、前掲論文、一二三頁。

＊60　マルコス、前掲インタビュー「パンチカードと砂時計」二〇七頁。
＊61　同右。
＊62　*EZLN, documentos y comunicados 1*, México D.F.: Ediciones Era, 1994, p.243; 小澤卓也「グラムシの〈サバルタン〉論とＥＺＬＮの〈国民〉主義」『季報　唯物論研究』七七号（季報『唯物論研究』刊行会、二〇〇一年）、五一頁。
＊63　サパティスタ民族解放軍、前掲書『もう、たくさんだ！―メキシコ先住民蜂起の記録1』二五八頁。
＊64　同右、二六七頁。
＊65　マルコス副司令官によれば、「老アントニオ」は初期のサパティスタ組織が先住民と接触し、その文化を学び、共闘するに至る過程で重要な役割を果たした実在の人物だと語っている。サパティスタの語りのなかにある先住民的要素は、こうした長老らから得たのだとも語っている（マルコス、イボン・ルボ、前掲書、四〇、四六―七頁）。だが、この人物が本当に実在したかどうかについては、これを疑問視する研究者も少なくない。「老アントニオ」は、現実に先住民共同体のなかに息づいているさまざまな知恵や柔軟性に満ちた思想的豊かさを象徴する想像上の人物である可能性もある。
＊66　小林、前掲論文「『老アントニオのお話』を読む」一一六―七頁。
＊67　同右、一一七頁。

＊68　同右、一一八―二〇頁。この観点からすれば、ボタン・サパタ神話のなかの「ミゲル」「ホセ＝マリア」などの名前も、イダルゴやモレロスらの歴史的偉人だけに特定されるものではなく、同時にメキシコに数多く存在するあらゆる「ミゲル」や「ホセ＝マリア」を意味すると考えられる。

＊69　同右、一二四頁。

＊70　同右、一四六―七頁。

＊71　マルコス副司令官インタビュー（前掲書『サパティスタの夢』）四〇頁。

＊72　小林、前掲論文「『老アントニオのお話』を読む」一四八頁。

＊73　同右、七四、八七頁。先住民共同体は必ずしも一枚岩的に統合されてはおらず、先住民のあいだの多様性も相互に尊重されなくてはならない。たとえば、一九九六年一月にサンクリストバルで開催された先住民国民議会において、ある先住民は「インディオという言葉は私たちに重圧感をあたえる。インディオという言葉から解放されたい。私たちは、オトミ、プレペチャ、マヤ族として認知されたい」と述べている（Mattiace, *op.cit.*, p.99）。

＊74　山本純一『インターネットを武器にした〈ゲリラ〉』（慶應義塾大学出版会、二〇〇二年）、一二〇―二頁。

＊75　山崎カヲル、http://clinamen.ff.tku.ac.jp/EZLN/solidarity.html

＊76　山本、前掲書、一〇四―六頁。

＊77　小澤卓也「交錯するエスニシティとネイション―中央アメリカの先住民運動を例に」（『途上国社

会の現在 ―国家・開発・市民社会』松下冽編、法律文化社、二〇〇六年)、一八五―六頁。

＊78 アナワクとは、メキシコ中央高原南部を指す。この地域はメキシコの主要な農業地帯であり、人口密度も大きい。スペイン人征服者の進入以前には、テオティワカン、トルテカ、アステカなどの古代文明が栄えた。

＊79 Frente Zapatista de Liberación Nacional, *La Voz del Anáhuac*, boletín informativo del Comité Civil de Diálogo Defensor de la República, No.41., febrero de 1999, pp.1-2.

＊80 *Ibid.*, p.3.

＊81 *Ibid.*

＊82 *Ibid.*, p.4.

＊83 Excelsior, 12 de marzo de 1999, http://www.excelsior.com.mx/9903/990312/exe06.html; Excelsior, 22 de marzo de 1999, http://www.excelsior.com.mx/9903/990322/exe01.html

＊84 ダヴィド司令官演説、http://palabra.ezln.org.mx/comunicados/2001/2001_03_28_b.htm

＊85 エステル司令官演説、http://palabra.ezln.org.mx/comunicados/2001/2001_03_28_a.htm

＊86 *Ibid.* EZLNにはエステルのほかにも複数の女性司令官が存在する。この点については、ギオマル・ロビラ『メキシコ先住民女性の夜明け』(柴田修子訳、日本経済評論社、二〇〇五年)の第一〇章「女性司令官たち」(二三七―二五七頁)が参考になる。

＊87 ウーゴ・チャベス『ベネズエラ革命―ウーゴ・チャベス大統領の戦い』(伊高浩昭訳、VIEN

T・現代書館、二〇〇四年)、一〇九、一九一頁。

＊88 "Discurso de posesión del Presidente Constitucional de la República, Evo Morales Aima," 22 de enero de 2006, La Paz,
http://www.presidencia.gov.bo/prensa/marc_prd.asp?id=200601227

＊89 新藤通弘「ラテンアメリカ変革の流れ ―キューバ革命から第三の波へ」(『経済』二〇〇五年六月号、通巻一一七号、新日本出版社)、六四―五頁。『しんぶん赤旗』(日曜版)、二〇〇六年一月二二日、一八―九頁。北沢洋子「チリで南米史上はじめて女性の大統領が誕生」(PARC〔NPO法人アジア太平洋資料センター〕)、
http://www.parc-jp.org/main/a_project/theme/kitazawa/kitazawa060203

＊90 EZLN声明(二〇〇三年七月一九日)、メキシコ先住民運動連帯関西グループ訳
http://homepage2.nifty.com/Zapatista-Kansai/EZ030719.htm

＊91 エルネスト・カルデナル、インタビュー、César Güemes, "Ernesto Cardenal termina sus memorias y vuelve a la poesia," http://www.rebelion.org/cultura/031029ec.htm

あとがき

二〇〇四年九月、筆者は現地調査のため中米コスタリカに滞在しており、そこでブリブリ族の血をひく先住民のS氏と知り合いになった。中米のなかではもっとも先住民人口の割合が少ないコスタリカにおいて、先住民たちが独自の文化を維持し、自立するのがいかに困難であるかについて、S氏は筆者に語ってくれた。しかし、その一方でS氏は、今後の先住民の行く末についてけっして悲観的になってはおらず、ラテンアメリカ全体で進行しつつある先住民の権利と自治をめぐる運動に対する期待感をにじませた。ここでも、サパティスタらの運動が先住民の未来にとっての希望の光となっていたのである。

後日、意気投合した私たちは、ほかの関係者とともに自然保護区を視察するために出かけた。私たちの乗る車が奥深い山道にさしかかったとき、S氏は突然車を止めるようにドライバーに言った。その付近に先住民だけが利用する自然の小道があるというのである。車から降りた私たちを道路脇に導いたS氏は、そこからうっそうと茂った林のあいだにかすかに見られる沢を指さし、そこをつたって山中に入っていくのだと私たちに説明した。その道を進んで根気よく歩きつづければ、税関を通らずに中米諸国を自由に行き来することができると言うのである。

そして、周辺に茂っていた背の高い草むらに数メートル分け入ると、太い茎の植物をひき抜き、「この茎は食べられる。インディオは食べて良いものと悪いものを知っているから、山中の長旅でも最低限の食事には困らない」と説明し、筆者にもそれを口にするよう勧めた。筆者が一度も見たことのなかったその植物をおそるおそるかじってみると、これが生でも意外とおいしい（読者のみなさんにはこういった得体の知れない植物を口にすることはお勧めしないが……）。ちょうどセロリとウドを合わせたような食感と味である。このとき筆者は、彼らがスペイン人がやってくるずっと以前からこの地に暮らし、自然と共存してきたたくましい人びとの子孫だということを実感した。彼らは、中米の土地や山について誰よりも知り尽くしたまさに「先住民」なのである。

こうしたもともと「自由」な先住民たちが、近代国家概念のもとである国境線のなかに閉じこめられ、自分たちとは縁のない特定の国民アイデンティティを持つように強制され、さらに現在ではグローバル化する世界の現状を目の当たりにしながらどのように生きのびてきたのか？　その過程で先住民たちはいったい何を守りきり、何を失い、そして何を自分たちの思想や文化のなかに新たに取りこんでいったのか？　そして、大きく躍動する現在のラテンアメリカ社会のなかで先住民たちはいかなる役割を果たしているのか？……本書が、こうした「歴史を奪われてきた人びと」を主体とする歴史研究の今後の発展を促すための重要な叩き台になっていることを願ってやまない。

本書を刊行することができたのは、言うまでもなく多くの先生方、先輩方、そして仲間たちのおかげである。こうした人びとの助けがなければ、単著など到底完成させることなどできなかっただろう。けっして優秀な学生とは言えなかった筆者を、学部生時代から根気よく育ててくださった母校・立命館大学文学部史学科西洋史専攻の先生方や先輩方には本当にお世話になった。とりわけ、研究分野を超えてつねに筆者に研究者とは何たるかを一から教えてくれた末川清先生と大戸千之先生には心より感謝を申し上げたい。

また、ともすれば閉鎖的な学閥や研究派閥間の闘争に明け暮れてしまいがちな学者の世界において、そうしたしがらみに囚われず、研究に対する厳しさと素晴らしい人間性を合わせ持った偉大なる先生方から、これまで筆者はどれだけ多くの教えを受け、救われてきたか分からない。とくに、江口信清先生、国本伊代先生、小林致広先生、崎山政毅先生、マリオ・サンペル先生、新藤通弘先生、鈴木茂先生、鈴木良先生、田畑稔先生、アルトゥーロ・タラセナ先生、辻豊治先生、スティーヴン・パーマー先生、松下冽先生、松田博先生には、何とお礼を申し上げて良いかわからない。さらに日本ラテンアメリカ学会西日本部会、歴史学者と社会学者による小さな研究会である通称「オバ研」、また不定期に開かれるサブカルチャーにも造詣の深い日本史研究者たちとの私的集会である通称「焼肉シネクラブ」など、さまざまな学会・研究会・集会における先輩方や仲間たちとの交流がなければ、筆者は今まで研究者として活動し続けることさえできなかったかもしれない。みなさんにも心より感謝したい。

さらに、有志舎の永滝稔氏に感謝したい。永滝氏は、中米というあまりポピュラーとは言えない地域のなかの、きわめて普遍的でポピュラーなテーマの存在にいち早く気づき、理解を深め、本書出版の道筋をつけてくれた。それだけでなく、ときに執筆活動の進まない筆者に対して永滝氏は、あるときはプロの編集者としての鋭い視点から、そしてある時には本好きの一読者の視点からやわらかく、たいへん有益なアドバイスや励ましの言葉をくれた。氏の力添えがなければ、けっして本書を完成させることはできなかった。筆者にとって最初の単著となる本書が有志舎から出版される「シリーズ 国際社会と現代史」の第一弾として出版されたことを、筆者はとても誇りに思っている。

そして最後に、現在リハビリ療養中の父に感謝の気持ちをこめて本書を捧げたい。かつて経済的な理由から夜間高校に通い、大学への進学を断念せざるを得なかった彼の口ぐせは、「おれはいつもクラスで成績がトップだった」であった。その真偽のほどはきわめてあやしいけれども、自分のドラ息子がいっぱしの研究者として本書を刊行したことについては、父も心から喜んでくれるに違いない。

二〇〇六年一二月

小澤卓也

索　引

ア　行

カ　行

サ　行

タ　行

ナ　行

ハ　行

マ　行

ヤ 行

ラ 行

欧 文

小澤卓也　おざわ　たくや
1966年東京生まれ　立命館大学大学院文学研究科西洋史学専修博士課程修了（文学博士）
専門はラテンアメリカ近現代史（とくに中央アメリカ近現代史）
現在　京都産業大学，神戸女学院大学，立命館大学，龍谷大学，各非常勤講師
主要著書（共著）：『ラテンアメリカからの問いかけ』（人文書院，2000年）
『パナマを知るための55章』（明石書店，2004年）
『途上国社会の現在』（法律文化社，2006年）

国際社会と現代史

先住民と国民国家　中央アメリカのグローバルヒストリー

2007年3月15日　第1刷発行

著　者　小 澤 卓 也
発行者　永 滝　稔
発行所　有限会社　有　志　舎
〒101-0051 東京都千代田区神田神保町 3-10,
宝栄ビル 403
電話 03(3511)6085　FAX 03(3511)8484
http://www.18.ocn.ne.jp/~yushisha/
装　幀　渡邊“JOHN”民人（TYPE FACE）
印　刷　モリモト印刷株式会社
製　本　モリモト印刷株式会社

ISBN978-4-903426-07-5

シリーズ「国際社会と現代史」刊行にあたって

21世紀を迎えた現在、国際社会はますます混迷の度を深めているように思えます。紛争・戦争、抑圧や差別、拡大する貧富の格差、悪化する地球環境など、どれをとってもすぐには解決できないような難問が人類の前には立ちはだかっています。

しかし、絶望からは何も生まれてきません。私たちはこれらの問題を解決していくために、勇気を持って前進しなければなりません。そして、そのためには地に足のついた新しい「知」の力が必要となっています。

本シリーズは、現代国際社会が抱える様々な課題について、単に現状の問題点を指摘するだけに止まるのではなく、その歴史にさかのぼって深く捉え直し、国際社会の過去・現在・未来を鋭く分析・考察していきます。

また、それぞれの作品の扱う地域が日本人にとってあまりなじみのないところであったとしても、そこに掲げられているテーマは人類全体への問題提起となっています。

本シリーズが、真に豊かで多様性に満ちた人類社会を創ろうとする読者の皆さんのお役に立つことが出来るならば、これにまさる喜びはありません。

2007年3月

有　志　舎

シリーズ「国際社会と現代史」

以下、続刊

＊印は既刊。書名は仮題もあります。